大学问

始于问而终于明

YAN FU

THE MAN WHO ENLIGHTENED CHINA WITH HIS PEN

笔醒山河

中国近代启蒙人严复

黄克武 著

GUANGXI NORMAL UNIVERSITY PRESS
广西师范大学出版社
·桂林·

笔醒山河：中国近代启蒙人严复
BIXINGSHANHE：ZHONGGUO JINDAI QIMENGREN YANFU

图书在版编目（CIP）数据

笔醒山河：中国近代启蒙人严复 / 黄克武著. --
桂林：广西师范大学出版社，2022.3（2023.6 重印）
ISBN 978-7-5598-4708-9

Ⅰ. ①笔… Ⅱ. ①黄… Ⅲ. ①严复（1853-1921）—
传记 Ⅳ. ①K825.1

中国版本图书馆 CIP 数据核字（2022）第 005087 号

广西师范大学出版社出版发行
（广西桂林市五里店路 9 号　邮政编码：541004
网址：http://www.bbtpress.com）
出版人：黄轩庄
全国新华书店经销
广西广大印务有限责任公司印刷
（桂林市临桂区秧塘工业园西城大道北侧广西师范大学出版社
集团有限公司创意产业园内　邮政编码：541199）
开本：880 mm ×1 240 mm　1/32
印张：10.375　　字数：200 千
2022 年 3 月第 1 版　　2023 年 6 月第 3 次印刷
定价：89.00 元

序：开眼看世界

严复是中国近代史上的一个重要人物。他的重要性不在政治、军事等方面，而在于他对中国近代思想与文化的冲击。他从1890年代中期开始所翻译的书刊，以及他的文章，促成中国从传统到现代的转型，使他成为中国近代启蒙的一位先驱。

他以信达雅的文字所翻译的《天演论》，引介了“物竞天择、适者生存”的法则，带来一个崭新的科学宇宙观，并鼓舞国人在竞争的世界中自立自强，“开眼看世界”。他以爱国精神所提出的启蒙目标，所谓西方“于学术则黜伪而崇真，于刑政则屈私以为公”，首度标举出“五四”时代“科学”与“民主”的大旗。“严复所传播的思想像野火一样，燃烧了许多少年的心和血”（胡适语）。诚如曹聚仁的观察，“近二十年中，我读过的回忆录，总在五百种以上，他们很少不受赫胥黎《天演论》的影响”，“如胡适那样皖南山谷中的孩子，他为什么以‘适’为名，即从《天演论》的‘适者生存’而来。孙中山手下大将陈炯明，名‘陈竞存’，即从《天演论》的‘物竞天择，适者生存’一语而来”。

鲁迅的阅读经验应该很有代表性。进入江南水师学堂之后，“看新书的风气便流行起来，我也知道了中国有一部书叫《天演论》……翻开一看，是写得很好的字，开首便道：‘赫胥黎独处一室之中，在英伦之南，背山而面野，槛外诸境，历历如在几下。乃悬想二千年前，当罗马大将恺彻未到时，此间有何景物？计惟有天造草昧……’哦！原来世界上竟还有一个赫胥黎坐在书房那么想，而且想得那么新鲜？一口气读下去，‘物竞’‘天择’也出来了，苏格拉第，柏拉图也出来了，斯多噶也出来了……”鲁迅认为：“严又陵究竟是‘做’过赫胥黎《天演论》的，的确与众不同；是一个十九世纪末年中国感觉锐敏的人。”鲁迅所说的“‘做’过赫胥黎《天演论》”一语是饶有深意的，此书的一字一句都经过细心斟酌，是所谓“一名之立，旬月踟蹰”的结果。除了《天演论》，他又翻译了其他有关政治、经济、法律、逻辑方面的七种著作，这些著作由上海的商务印书馆出版，被统称为“严译名著丛刊”，一直到今日，严复译著还受到许多读者的欢迎。毛泽东在回顾中国民主革命艰难曲折的历程时说：“自从一八四〇年鸦片战争失败那时起，先进的中国人，经过千辛万苦，向西方寻找真理，洪秀全、康有为、严复和孙中山，代表了在中国共产党出世以前向西方寻找真理的一派人物。”这无疑是对严复的充分肯定。习近平也十分肯定严复，他在《93年严复国际学术研讨会论文集》的序中说："我们要继承和发扬严复的爱国主义精神，改革创新的思想，提倡科学教育实践和创造知识渊博的精神财富"，"他的不少论述不仅成了当时维新变法的最有力的理论依据和最锐利的思想武器，而且对于辛亥革命也具有不可忽视的影响，也为'五四'新文化运动开辟了道路，甚至至今还可以借鉴。"2001年，习近平在任职福建省省长时，主编了《科学与爱国——严复思想新探》一书（清华大学出版社），并为之作序以宣扬严复的科学与爱国思想，同时肯定他的历史地位与卓越贡献。2021年3月底，他到福建考察调研，特地到福州三坊七巷的严复故居参观。

以往中外学界对严复启蒙之角色的诠释多受到美国哈佛大学史华慈的《寻求富强：严复与西方》（*In Search of Wealth and Power: Yen Fu and the West, 1964*）一书的影响，强调严复对西方富强观念之引介是近代中国追求现代化的动力。严复特别注意到西方环绕着"福士德－普罗米修斯"的动力精神，为停滞、落后的中国注入了一股新的活力。拙著一方面同意近代中国发愤图强的精神动力受到西方之冲击、启发，然另一方面认为中国儒释道的精神力量，如天人关系之体认、经世济民之情怀，以及理想与现实之差距所产生的"困境感"（这是笔者的老师墨子刻先生在《摆脱困境——新儒学与中国政治文化的演进》一书中的观点）等也不容忽略。从严复的思想之中可以看到，传统因素对他产生了深刻影响，这些受传统视野影响的思想倾向，使他一方面积极地接纳西学，另一方面也产生了批判性的观点，企图会通中西而建立独具特色的启蒙蓝图。

本书以“笔醒山河”为名正是要凸显他在启蒙方面的原创力与重要性。笔者强调将严复启蒙思想与他对西学的译介结合在一起。他的翻译策略是一方面引西入中，另一方面援中解西，因此严复的启蒙工作可以被定位为在文化自觉的意识下从事中西思想的交融互释，而在此过程中严复充分反映出翻译西学、接引西方现代性的主体性思维。“笔醒山河”一语源自2017年福州所拍摄的一部严复纪录片《笔醒山河——千年大变局中的严复》，该片描述了“学贯中西、放眼世界同时又历经磨难、饱受争议的启蒙思想家的一生”。我觉得主标题的四个字最能彰显严复的历史角色。

本书秉持相同的意旨，希望能以简洁的文字为一般的读者介绍严复的一生。因此在行文上力求精简，尽量少用引文，也不像正式的学术著作那样加上注释。不过有时为了让读者感受到严复的文字魅力，在适当的地方仍引述他的原话，以增加临场感，同时我可以保证书中内容是字字皆有来历。全书不分章节，而用三个部分、二十多个主题来描绘严复的一生。此一工作挑战性很大，因为严复的文字典雅深奥、思想深邃，带有玄思冥想的哲学趣味，其内容不是一般读者所容易充分掌握的。他的作品在当时虽轰动一时，然白话文运动之后，一般读者熟悉的文字是胡适、陈独秀所提倡的“白话文”，而不是严复所用的“桐城派古文”，这使得当代读者与严复的著作有一道鸿沟。这一本书就是尝试做一个沟通的工作，将严复的生平与思想，带给当代的读者。

这二十多个主题环绕着两条彼此交织的轴线。第一条轴线是严复的历史处境、人际关系与社会影响。我从他的生长环境，个性特质，婚姻家庭，师友关系，政治、宗教与文化抉择等来看他的生命历程，并反映他所身处的清末民初这一时代之动荡。第二条轴线则是关注严复的思想内涵。文中尤其透过对严译作品的分析，展现他的政治、经济、社会思想特点，及其对时代的冲击。我认为严复虽以翻译而闻名于世，然而他不只是一位介绍西方思想的翻译家（中国传统所谓“舌人”），还是一位高瞻远瞩的思想家。诚如梁启超所说：“严复在中学、西学皆为我国第一流人物。”他以典雅的文字，通过翻译、评点与著作建构了一套体系完整的启蒙方案，希望能为后代开启太平之世。他很有自信地表示：“有王者兴，必来取法，虽圣人起，不易吾言”，可见其气魄。这也是为什么一直到今天严复的思想仍然受到人们持续的关注，并带给人们许多启示。

严复的一生虽名声显赫，却并非平安顺遂，而是充满了困顿，即上文所谓“历经磨难、饱受争议”，或许他所经历的痛苦使他更了解生命的挑战，使他在“两害相权”之中体悟“励业益知”的意义（严复遗嘱）。笔者在描述他生命的不同阶段时也特别注意他所遭遇到的各种挫折，包括婚姻、家庭、仕宦之途、知识追求、身体健康与心灵深处的各种挑战，以及外界的不同批评。其中我觉得最让人感到惋惜的是严复在清末民初时被众人奉为启蒙先驱，“五四”新文化运动之后却被认为在思想上逐渐转向保守；他因支持袁世凯、张勋、康有为，反对胡适与陈独秀等，以及支持学衡派的立场，而备受批评。至20世纪20年代之后，中国因思想的“激进化”，进入“主义时代”，主导时代的思潮分别是国民党的三民主义与共产党的马克思主义。此时坚持英美式自由民主体制与中西结合的严复反而左支右绌，落寞以终。经过一百多年革命的狂潮，在改革开放之后，他才再度得到迟来的喝彩，人们认识到“从闽江走向海洋，走向世界，他的思想理论是具有世界意义的，特别是他的科学教育救国的理论和实践，对中国现代化的社会变革和历史进程，有着十分巨大的影响”（1998年，北大百年校庆，福建省严复研究会会长郑重为北大严复铜像揭幕时的致词）。严复所经历的这一段起伏曲折的历史值得我们深思。

在中国近代思想史的领域中，我从清代经世思想研究入手，接着再延伸到梁启超、严复、胡适与顾孟余等人的思想。从1990年代中期开始，我比较系统地阅读了严复的著作，而且借着开会、访学之余，走访了严复一生所去过的几个重要的地方，如英国伦敦、格林威治的皇家海军学院、法国巴黎的凡尔赛宫和天文台等，中国的福州（阳岐、郎官巷）、天津（大狮子胡同、北洋水师学堂旧址）、北京、上海等地。在过去的二十多年间，我曾先后以严复为主题出版了两本中文书（《自由的所以然：严复对约翰弥尔自由思想的认识与批判》《惟适之安：严复与近代中国的文化转型》）、一本英文书（*The Meaning of Freedom: Yan Fu and the Origins of Chinese Liberalism*，《自由的意义：严复与中国自由主义的起源》），并发表了多篇论文，也编辑过他的作品《中国近代思想家文库：严复卷》《群己权界论》等。在撰写本书的过程中，我特别受益于孙应祥教授的《严复年谱》与严复后人严孝潜先生的《严复的一生》，敬表谢意。成稿之后好友刘秋兰教授为我逐字细校，盛情感人。这一本小书是我多年严复研究成果的结晶，简明扼要地描述严复"走向世界"的挑战、成就与挫折，我希望读者会喜欢它。

黄克武

2021年4月6日于台北

目　录

第一部分　成长经历与人际网络

早年生活

严复（1854—1921）是福建侯官阳岐村人，他最常用的署名是“侯官严复”，也有一方印为“侯官严氏”，今日阳岐村内还保留了严氏宗祠与严家祖居“大夫第”。他的始祖严怀英，原籍河南光州府固始县，唐昭宗时随闽王王审知（862—925）入闽，定居于侯官阳岐，此后家族繁衍，延绵至今。曾祖父严焕然是嘉庆年间的举人，曾任福建松溪县学的训导（清代基层地方文官，负责教育方面的事务）。祖父严秉符与伯父严恭诒、父亲严腾蛟（号振先，1821—1866）均熟悉儒道经典与医书，但并无科举功名，祖与父两代自家乡迁移至南台区苍霞洲（现在福州市内）行医，开了一间“医生馆”，以“精诣仁心”而闻名乡里。父亲因医术精湛，有“严半仙”之美名，且为人厚道、疏财仗义，对前来治病的穷人都不收诊费。严复曾描写家中的医学传承：“秉符公业医，[恭诒]公与吾父能述其业，有名于时。福州自通商以来户口孳息，城市逼仄，湫积蕴孽，于卫生之道阙如。每岁夏秋，时疫辄起，诸父日相将奔走，治疗人所，全活甚众。”

严复的母亲陈氏（1833—1889）也来自平民家庭，长于针黹。严氏家族在福州地区属于中下层地方精英阶层。严复于1854年1月8日出生于苍霞洲，谱名为“传初”(这是根据阳岐严氏家族“传家以孝，为国维忠”的排行论辈顺序)，为第27世。苍霞洲位于福州城墙的南边、闽江北部，是一个热闹的沿海港口，有繁荣的国际贸易与多样的文化活动（如宗教祀典）。严

侯官严氏的印章

复幼年时代，与许多在农村成长者不同，他除了曾短暂地搬回阳岐居住，幼年时光主要在这一口岸城市中度过。今日在苍霞洲公园（又名天演公园）内有一尊严复立像，名为“严复宣讲西学”，就是为了纪念他在此地诞生。

严复从幼年时代开始，一方面目睹国际性的海港环境，一方面沉浸于祖父与父亲重视实际的医学传承，这对他一生的发展有所启迪。严复5岁开始跟随家人与几位私塾老师读书，背诵《大学》《中庸》等儒家经典。他也曾跟随叔父严厚甫（举人）学作诗文。厚甫循规蹈矩、不苟言笑，严复在其熏陶下学习八股文，并对作旧体诗很感兴趣（他后来曾评点《杜工部集》与《全唐诗》，并出版诗集）。1863年，当他9岁时，他的父亲聘请了一位当地有名的学者黄宗彝（少岩）担任严复的启蒙教师。在《福建通志》的“文苑”中，留有黄宗彝的一篇小传：“黄宗彝初名熸，字圣谟，又字肖岩，自号左鼓右旗山人……幼聪颖……然屡试不售……治古文有义法，尤精小学，遗诗一卷、婆娑词二卷、方言古音考八卷、杂文若干篇。”由此可见黄宗彝在学术上受到经学考据、古文义法之影响，此外他极重伦理道德（如重义轻利），然并无科举功名。黄宗彝有抽鸦片的习惯，“夫子有腰酸背痛的毛病，课余利用鸦片以为镇压，常常一管烟枪在手，歪斜在床榻上，一面吞云吐雾，一面讲故事给学生听”。1865年黄宗彝过世之后，严复又跟随其子黄孟修（增）读书，孟修继承父亲的学问，乃“同治癸酉科拔贡，通经学、小学、史学，院试辄冠其曹，与张侍郎亨嘉齐名，顾懒不著……身后不存一字矣”。严复在他们两人的教导之下研习传统典籍，也开始喜好书法与诗词，后来写字、吟诗、作词等成为他一生的嗜好，因而留下不少墨迹。严复对书法深有体会，他说，习字需根据不同的字体选用不同的笔，“小楷用紫毫，或用狼毫水笔亦可，墨最好用新磨者……至于大字，则必用羊毫，开透用之”。再者，不同的字体有不同的执笔方式，“大要不出指实掌虚四字……再进则讲用笔，用笔无他谬巧，只要不与笔毫为难，写字时锋在画中，毫铺纸上”。福州三坊七巷中的“严复翰墨馆”收藏了许多严复的书法作品，亦可参看卢美松主编的《严复墨迹》一书。

1866年严复在12岁时与一位王姓女子结婚，她和严复一样，并非出于士绅家庭。几个月之后，严复的父亲因为从病人身上感染霍乱，不幸逝世。此后严复只好举家迁回阳岐祖宅，靠母亲与妹妹以绣花缝补来维持生活。父亲早逝对严复一生产生了重大的影响。他后来回忆这一段艰辛的生活：“我生十四龄（按阴历，以虚岁计算），阿父即见背。家贫有质券，赙钱不充债。陟冈则无兄，同谷歌有妹。慈母于此时，十指作耕耒。上掩先人骸，下养儿女大。富贵生死间，饱阅亲知态。门户支已难，往往遭无赖。五更寡妇哭，闻者隳心肺。”父亲过世后，家庭出现经济危机，他的母亲无力负担家庭教师的开支，这使得严复不得不放弃科举正途，投考福州船政局刚开始兴办的船政学堂，这是近代中国最早的一所海军学校。

这一所新式学校是由沈葆桢（1820—1879）在法国人日意格（Prosper Marie Giquel，1835—1886）的协助下所创办的军事学堂，训练学生造船与驾驶，属于洋务运动中模仿西法的一部分。学生的待遇不错，除了供应衣、食、住，每月还发四两白银的津贴。该校第一次的入学考试于1866年冬天举行。严复在母亲的同意下参加了这场包括口试、笔试与体能测验的入学考试。其中的笔试考作文，题目是出自《孟子·万章》的“大孝终身慕父母论”，当时严复的父亲刚去世，使他对此一题目深有感触，因而能发抒内心情感，结果严复以第一名被录取，由其岳父作保，出具甘结而入学。后来严复和“五四”时期的许多反传统学者如陈独秀、胡适、鲁迅等人不同，他一生都肯定儒家价值，坚持以“孝”为核心的家庭伦理。次年初，他和一百多位同学，在城中于山脚下的定光寺（亦称白塔寺）上课，在诵经声中开始学习英文ABC。六月，学校迁到闽江口的马尾（离马祖很近），今日一部分学堂的遗址仍然存在，可供游客参观。

1867年至1871年，严复在该校后学堂的驾驶学堂读书，因主管此事的李鸿章认为“水师操练，英为最精”，故此一科目以英文为专业语言，课程以英文教授，负责人是英国人嘉乐尔（James Carroll，1867年到校、1880年病故）。此外还有新加坡籍教师曾恒忠、曾锦文讲授英语，本国教师开设中文课程。

严复在此开始修习算术、几何、物理、化学、机械等航海必修的课程。学堂学生均在校内集体食宿，统一作息。当时报纸有两则与该校有关的外文报道。第一则如下：

> 我访问该校时，学校中大约有五十名学生。第一班在上代数与简单的数学等式；第二班则在一位该校培育的中国籍老师指导下，困惑地学习欧几里德几何学。这两个课程都以英文授课。老师首先将数学命题写在黑板上，然后再叫学生依序上台一步一步地解答问题。当问题解答完了之后，这个例子会被抄写在一本精美的簿子上，提供日后参考。我检查了其中几则，对他们誊写的整洁与干净，留下深刻的印象。

在1870年初期，另一位访问者在《北华捷报》(*the North-China Herald*)也记载了该校的情况：

> Mr. Carroll第一班班上的学生有三十人，老师在课堂上举行临时抽考，测验数学、几何、圆锥曲线、动力法则、牛顿力学、流体静力学等。学生都能完美地回答这些问题，其游刃有余让我们感到吃惊。我们也被告知这些年轻的中国学生对精密科学有浓厚的兴趣，因此总教习必须禁止他们在晚上十点、十一点之后继续学习。这些年轻的中国学生都能说正确、良好的英文，我们听不到粗俗下流的洋泾浜英语。

由此可见学生们在语言与专业上，都得到了很好的训练。该校虽以西学为主，但同时也强调中学。严复与其他的学生必须以部分的时间来学习古文，并研读《孝经》与《圣谕广训》等教材。很显然，对这些学生来说，他们并未感觉到中、西学之间的矛盾，严复后来会通中西的理念应植根于此。不过从此时开始一直到他自英国返国之间，严复学习的重心始终是西学。1871年5月，17岁的严复从该校毕业。嘉乐尔在写给日意格的报告上说，他对学生们学习的成果感到满意："我很高兴地向您禀告：剩下的23位学生都修完了课程……就他们在岸上所能接受的一般教育来说，他们都充分地具有成为海军见习生的资格。"在出海实习之前，严复和班上二十多名同学一起用英文写了一篇给嘉乐尔的谢词，笔者将他们所写的英文附在所翻译的中文之后，大家可以欣赏他们的英文造诣。文中采借了当时流行的"西学源于中国说"，认为中国长于"道"，西方长于"器"：

> 西方国家的指导原则源于希腊，而希腊则引介自中国。在中国古代，国人强调理性与礼节的原则，却很少像西方国家那样，高度地注意到实际的原则。(The principles of instruction which obtain among Western nations originated with the Greeks, who had imported them from China. In ancient times China used in due order the principles of Reason and Propriety,

but scarcely gave attention to the practical principles so highly estimated among Western nations.）

接着又表达了儒家价值的信念及中国在“器”方面迎头赶上西方的决心。同时同学们也对老师的教导表达谢意：

我们的老师嘉乐尔从很遥远的地方来到中国，他不但掌握了西方的原则，而且广泛地散播这些知识。他具有充分的资格来教导学生学习天文、地理、算术等学科。他在教学上一定尽其所能，且总是朝气蓬勃。因此受他教导的学生都吸收了他的精神，并乐于与他亲近，每一个人都尽可能地从他身上努力学习。……您诚挚的学生都希望能为国家贡献心力。如果我们能实现这一个愿望，您也将为我们感到高兴。虽然我们很难过地要离开您，但我们报效国家的心愿是那么强烈，因此我们必须将个人的意愿置于次要的地位。（Our teacher, Mr. Carroll, having mastered these principles to begin with, came from a great distance to China, and has widely disseminated his instructions. He is thoroughly qualified to instruct students in astronomy, geography, arithmetic, &c., never keeping anything back, and being always energetic. Thus those under his instruction imbibed his spirit and approach him with pleasure, and no one departs without learning as much as his capacity may be able to receive from his teacher....It is the desire of your devoted pupils to exert themselves for their country. You too, Sir, will be delighted should our aspirations hereafter be fulfilled. Though we are sorry to part from you, we desire so much to serve our government, that we must make our personal wishes of secondary importance.）

这一篇谢词显示严复等学生对英文与专业已有一定的掌握，也热切地希望未来能以所学来报效国家。

在其后的5年之间，严复在德勒塞（Captain Tracey，来自英国皇家海军）的教导下，分别在“建威”与“扬武”两艘军舰上实习，其间曾赴中国台湾，以及新加坡、日本等地，接受地图测绘等训练。“扬武”是中国自行建造的第一艘西式巡洋舰，1875年由沈葆桢奏请改为练习船。沈岩所著《船政学堂》一书曾描写他们实习的经历：

> 同治十年五月（1871年6月）驾驶第一届学生堂课结束大考后，集中两年多时间进行船上实习和远航训练……在英国海军教官率领下，分别乘练习船北上浙江、上海、烟台、天津、辽宁牛庄附近海面和南下厦门、香港、新加坡槟榔屿附近洋面而折回。让学生经受风浪、锻炼胆识，熟练驾驶技术。在远航训练中，每日做航行日记交教官阅校，练习测量天体、定船位、做海图作业。在南下训练回程途中，教官让学生轮流驾驶航行。

1876年严复还乘“扬武号”由烟台前往日本访问。《万国公报》报道：扬武号“至日本洋，日人颇生艳羡。嗣入内港，气势昂藏，足令日人骇异”。严复在实习船的表现不错，但不是最优秀的，沈葆桢在1873年9月15日所写的奏折中提到表现优异的学生有张成、吕翰（“驾驶心细胆大”）、刘步蟾、林泰曾、蒋超英（长于算法、量尺）等人，严复不在其中。日意格所写的报告上（1873年11月18日）则说严复和其他六位同学已经获得有关驾驶船只的理论知识与实务经验，有资格成为海军的一员了。日意格同时建议派遣学生出洋留学，中国政府接受了他的建议。这一群由福州船政学堂训练出来的第一批学生即将走向世界，接受西方文化的洗礼，并期待未来能贡献于祖国。

留英岁月

1877年春天，23岁的严复和其他11名同学被选派赴英国读书。这一群留学生在李凤苞（1834—1887）与日意格的带领之下出航，随行人员还有马建忠、陈季同、罗丰禄等。他们于3月31日搭乘“济安号”抵达香港，4月5日由香港出发赴英国。5月7日先抵达法国马赛，部分留法成员先行下船，5月11日抵达英国的普兹茅斯（Portsmouth）港。两天之后，他们去伦敦波特兰街45号的中国公使馆，会见驻英公使郭嵩焘（1818—1891，公使任期自1877年1月至1879年1月）。6月25日外交部门准许留学生访问普兹茅斯的海军工厂。其后严复等学生在普兹茅斯海军基地实习了3个月，9月参加考试，严复被位于伦敦近郊格林威治的皇家海军学院录取。在英国外交部，有一份清国留学生当时留下来的履历，严复的部分如下（中文部分为笔者的翻译）：

Name: Yen Tsung-Kwang（严宗光）

Age（年龄）: 23

Time in the Naval School at the Imperial Arsenal Foochow（在福州船政学堂就读时间）: 5 years（五年）

Time on Board the Training Vessel（在实习船的时间）: 6 years（六年）

Time of Active Service in the Chinese Imperial Navy（在中国海军任职状况）: Remained a Navigating Officer of the Training Vessel（曾任实习船的航海官员）

Time Spent in England（在英国期间）: From May 1877（1877年5月开始）

Rank in the Chinese Hierarchy（级别）: An officer of the 5th rank（第五级的海军官员）

Remarks Made on the Merits of the Officers by the Captains in Command of the Training Ship of the Arsenal at Foochow（实习船指导者之评语）: From Captain Tracey R. N., "Very clever officer and navigator"（来自英国皇家海军的德勒塞认为他是一个"非常聪明的官员与航海者"）

在接下来的两年多的时间里，严复在格林威治皇家海军学院求学，至1879年的夏天毕业返国。英国皇家海军学院设立于1873年，其目的是提供各种层次的海军军事训练；严复在此读书时负责校务的是校长沙德伟（Sir Charles Shadwell）与学务长（the Director of Studies）、赫斯（Dr. Hirst）等人。

有关严复留英的经历，在郭嵩焘的日记中有不少记载。学校的东区是弹道学、工程学、科学、数学和德国与意大利研究的专区。西区则是餐厅、教堂、博物馆等。英国学制中学期从10月开始，至次年6月结束。严复主修海军驾驶，上课的内容包括数学、化学、物理、机械、航海与国际关系等。就在这一段时间，严复与郭嵩焘成为忘年之交。郭之所以欣赏严复是因为他觉得这个年轻人能见微知著、识见不凡，是一个深具潜力的人才。两人第一次比较深入地交谈可能是在1878年2月2日，在郭的伦敦寓所举行的庆祝中国旧历年的聚会之上，郭与严复谈话后对他留下深刻的印象，郭在日记记载“格林里治肄业生六人来见，严又陵（宗光）谈最畅”，“其（严）言多可听者”。

1878年3月12日严复与郭嵩焘讨论到张自牧（力臣，1833—1886）的《瀛海论》。张自牧是郭嵩焘的好友，在日记中曾多次记载两人讨论时事、洋务，甚至一些重要的人事任命案，郭嵩焘称赞他“于洋务所知者多，由其精力过人，见闻广博，予每叹以为不可及”（1879年5月9日日记），由此可见两人关系匪浅，且在积极认识西学上具有共识。在郭嵩焘出使之前，曾保举当时为“布政使衔贵州候补道”的张自牧作为二等参赞官，后张因故未能成行。严复知道张为郭之老友，却在郭嵩焘面前很直率地批评了张自牧的“西学中源论”。例如张自牧认为基督教其实是源于墨子的想法，加上印度、阿拉伯的观点。他在《瀛海论（中篇）》中说，“耶稣天主之教……盖墨氏之本旨，而缘饰以桑门天方之说，煦煦为仁、孑孑为义，兼天下而爱之，撒遂万物以利之，无君臣、父子、夫妇、兄弟之伦，而一以朋友之道处之，博施尚同，而昧于本末亲疏之道”。张自牧并表示“天主”二字源于中国。郭嵩焘记载了严复对他的质疑“特妙”：

其辟力臣论十字架及天主之名乃特妙，以为力臣之言：“天主二字，流传实始东土”，不识所流传者其字乎？其音乎？其字 Roman Catholic，其音则罗孟克苏力也，何处觅“天主”二字之谐声、会意乎？

严复了解张自牧的“西学中源论”说法具有积极开拓西学的意义，张自牧借此指出不应排斥西学，且儒者应以不知西学为耻；不过严复也看到张自牧思想中与旧有观念妥协的部分，他批评张自牧对铁路、机器的保守态度，以及对海防工作的忽略。这一谈话之中严复明确地批判那些不在乎西洋文明，以及认为西方文化中国古已有之的人，这一议论深获郭之赞赏，而感到两人在精神上十分契合。

1878年5月30日，郭和几位官员访问了皇家海军学院，他们到严复的宿舍参观，了解学习状况，并观看严复为他们示范的科学实验。严复还告诉郭，他深深地为西方学术所吸引，但担心可能无法在短时间内充分掌握其精髓。1878年的6—7月，严复随郭赴法国访问，参观了许多地方，如天文台、下水道、卢浮宫、圣西尔陆军士官学校、凡尔赛宫、万国博览会会址等，还留下了一幅珍贵的照片，照片中的他穿着清朝的官服，并留着长长的辫子。

郭嵩焘公开地表示他很欣赏严复的才能，认为严复的英文水平比他自己的译者还要高，严复将来若留在海军有点可惜，应让严复办理外交，或成为一位国人景仰的学者。他唯一一次对严复的批评是在1878年7月16日，他说严复虽有才气，然个性过于狂妄。继任英国公使的曾纪泽（1839—1890，1879年2月后接任）也对严复有类似的批评，只是他又说严复中文欠佳，而且认为郭对严复的赞扬助长了他的骄虚之气。他在1879年4月4日的日记中提道：

> 核改答肄业学生严宗光一函甚长。宗光才质甚美，颖悟好学，论事有识，然以郭筠文褒奖太过，颇长其狂傲矜张之气，近呈其所作文三篇曰饶顿传、曰论法、曰与人书，于中华文字未甚通顺，而自负颇甚，余故抉其疵弊而戒厉之，爱其禀赋之美，欲玉之于成也。

曾纪泽的日记内容后来被翻译为英文，并刊登于国外报纸，同时也传到国内。郭嵩焘在1879年8月9日读到友人出示的曾纪泽日记："刘伯固送康侯（按：为刘蓉之子）回自上海，见示曾劼刚日记一本，讥刺鄙人凡数端：……一论褒奖严宗光太过，长其狂傲矜张之气。虽属有意相诋，而犹近事理。"由此可见郭嵩焘也认为此一批评"犹近事理"。这样看来，严复似乎并非个性圆融之人，而是锋芒毕露，具有狂妄、骄傲之气，这很可能是后来他难以适应中国官场风气的根本原因。严复对曾纪泽也没有好感，他在写给郭嵩焘的信中说："劼刚门第意气太重，天分亦不高，然喜为轻藐鄙夷之论。日记中所载中西时事，去事理甚远。所带人从，皆赘疣也，于使事毫无补济（1879年8月28日）。"郭嵩焘阅后的反应是："又陵言自有理，亦正嫌其锋芒过露，劼刚谓其狂态由鄙人做成，则亦不知又陵之狂，由来固已久也。"严复后来对自己年轻时的个性有所反省，他说"仆当少年，极喜议论时事，酒酣耳热，一座尽倾，快意当前，不能自制，尤好讥评当路有气力人，以标风概。闻者吐舌，名亦随之。顾今年老回思，则真无益，岂徒无益，且多乖违"。

严复也在留学英国时开始接触西方社会、政治思想，如达尔文（Charles Darwin）的演化论与斯宾塞（Herbert Spencer，1820—1903）、培根（Francis Bacon）、赫胥黎（Thomas H. Huxley）、边沁（Jeremy Bentham）、孟德斯鸠（Montesquieu）、

亚当·斯密（Adam Smith）、弥尔（John Stuart Mill）等人的学说。同时严复也开始观察英国社会，注意中西文化之间的差异。他一方面看到英国人从小锻炼身体，因而较为强壮，这引发了他后来在民德、民智之外，对于民力的提倡。再者严复在观察英国法庭判案之后，对英国法律在执法时的公正性，留下深刻的印象，郭嵩焘也很同意他的看法。严复说“犹忆不佞初游欧时，尝入法庭，观其听狱，归邸数日，如有所失。尝语湘阴郭先生，谓英国与诸欧之所以富强，公理日伸，其端在此一事。先生深以为然，见谓卓识”。这些经验让他了解到中国制度的缺陷，并思索未来应该努力的方向。

1879的夏天（8月间），奉船政大臣吴赞诚之命，25岁的严复返国。8月14日他曾前往驻英使馆拜谒曾纪泽，向其辞行，随即回国，结束了留学生涯。9月开始任教于母校福州船政学堂，担任教习，月薪百元。次年底因陈宝琛推荐——认为他“器识闳通，天资高朗，可胜大任”，严复被李鸿章调到天津北洋水师学堂，担任“洋文正教习”。他在北洋水师学堂服务了近20年，并在1893年升为该校总办。

异性情缘（一）：原配王夫人

在介绍严复自英返国，开始从事教育与学术工作之前，我们将焦点转移到他的婚姻与家庭生活。严复一生有二妻一妾，共生了五男四女。严复的第一位妻子是他在1866年春天，12岁时所娶的王氏。对于王氏我们所知有限，甚至连其名讳也不可考，仅知道她是同邑布衣王道亮的次女。王氏不识字，年龄与严复相仿。两人显然是依父母之命、媒妁之言而结婚。婚后不久，严复的父亲因从病人身上感染霍乱，不幸过世，享年46岁，留下严复的母亲陈氏、严复与妻子王氏，以及两个年仅十一二岁的女儿。此后家道中衰。如上所述，这样的家庭背景迫使严复放弃科举正途，投考马尾船政学堂。

至1892年王氏在天津因病去世之前，严复和她结为夫妻的时间共有26年，在这26年之间，两人曾多次分居异地。从1867至1871年，严复在马尾的福州船政学堂读书，其后出海实习6年（1872—1877），偶尔有时间回家，长子严璩（1874—

1942）即于此时出生。此一阶段奉母、教子，经理生计的担子，都由王夫人来承担。1877至1879年严复在英国留学，到1879年的夏天才回福州。次年，他又应李鸿章之邀，离开了福州，转赴天津北洋水师学堂任教。因为举家北迁，所费不赀，严复并未立即携眷北上。在这期间他曾写信回家，希望他的母亲与太太能寄来或托人带来福州土产，以慰乡愁。他在1883—1884年之时方携眷北上天津。

在26年之间，严复与王夫人或聚或离，除了严璩，王氏没有为严复生下其他的孩子。或许是因为她不识字的关系，严复和她之间也没有直接的书信往返。对严复来说，此一婚姻主要是依循中国数千年之旧法，“承继祀，事二亲，而延嗣续”，然而这三者，仍使严复对她有一份很深的情感与怀念。

1892年10月23日（阴历九月初三）王氏在天津因“慢性消化系统疾病”过世，年仅39岁。严复在王氏过世之后，曾写信给四弟观澜，表达内心的伤痛：

> 二十余日以来，兄无善足述，只有伤心。不但嫂氏生前贤慧，在在可思，而回看自己形骸，十风九雨。……嫂在时，与兄系同功一体之人，设有过差，敢于谏戒。自今以往，孤立于上，凡事皆需自己留神，后辈何能劝沮；不料四十之年，一家旧人都尽，此后纵极荣华，而同苦者不能与我同乐，此

> 所以略一思量，不禁放声长号，哽咽无已也。璋儿失恃之后，日夜悲啼，伏棺恸号，令人不忍卒闻。

信中充分反映严复与妻子之间的深厚情感及其丧偶之痛。王氏过世后，先停棺于“紫竹林杏花村闽粤会馆之义园”，后来才送柩回里。墓地在老家阳岐，是由长子严璩亲自选择、督建的父母合葬之地，始建于1910年，至1912年方完工。严复亲自书写了“清侯官严几道先生寿域”之墓碑，以及“惟适之安”四字（出自韩愈的《送李愿归盘谷序》，“起居无时，惟适之安”）于墓室前的围屏之上，作为自己百年之后的栖身之所。这四个字也是严复对后世的赠语。

严复对妻子的思念一直持续。1912年王氏过世20周年时，严复曾赋诗表示：“玉台旧事何堪忆，梦断香销二十年。”在1917年10月18日（阴历九月初三）的日记里，严复写到“内子忌辰”；1918年6月30日又记下“先妻生日”；1919年的清明节，严复上山祭祖坟，并到王夫人墓致祭，足以显示两人之间的情分。

王氏是一个虔诚的佛教徒，严复在某种程度受到王氏宗教精神的感染。每年她的忌日，长子严璩都以礼佛的方式来纪念亡母，有一次严璩要求同父异母的弟弟“代劳拜佛”，弟弟因为“反对迷信”（或许也因为与王夫人不亲近）而不从，受到父亲的责骂。严复一生提倡科学，然却不排斥宗教经验，对他而言科学与宗教不相冲突。

对严复来说，佛教是他信仰生活中的重要部分。1921年夏天，在他过世前的两三个月，他亲手为王夫人抄写《金刚经》一部。他在一封写给儿子们的信中说道："老病之夫，固无地可期舒适耳。然尚勉强写得《金刚经》一部，以资汝亡过嫡母冥福。"严复的抄写工作并非单纯的体力活动，而是有着强烈的精神感受。当他读到《金刚经》中下面的几段文字时深有所感，"每至佛言'应无所住而生其心'，又如言'法尚应舍，何况非法'，辄叹佛氏象数，超绝恒识"。此外，其次子乳名"文殊"、三子乳名"普贤"、长女字"香严"、次女字"华严"（他的孙女严停云的笔名也因此是"华严"），都是佛教名词。严复在以音译翻译西方名词时，也刻意引用佛典，如他将Royal Bank翻译为"赖耶版克"，自注"赖耶，本梵语，译言王家"。赖耶源自"阿赖耶"，为梵语alayavijnana（藏识）。其他的音译语如"赖摩"（Lima，秘鲁首都）、"毗勒"（bill）、"须弥"（Himalayas）等都有佛教语汇的意味。同时，有些意译语也有佛教的痕迹，如free trade译为"无遮通商"、fixed capital译为"常住母财"。这都显示佛教思想对严复的影响。

除了佛教，从12岁开始的婚姻生活对严复的思想还有其他的影响，例如他提倡的"禁早婚"的观点。严复强调过早结婚无论对个人、国家，甚至更长远的种族发展来说，都是一件负面的事。1894年他写给长子严璩的一封信谈道：

> 近读……《教训幼稚》一书，言人欲为有用之人，必须表里心身并治，不宜有偏。又欲为学，自十四至二十间决不可间断，若其间断，则脑脉渐痼，后来思路定必不灵，且妻子仕官财利之事一诱其外，则于学问终身门外汉矣。

在《法意》的按语中，严复说“中国沿早婚之弊俗，当其为合，不特男不识所以为夫与父，女不知所以为妇与母也。甚且舍祖父余荫，食税衣租而外，毫无能事足以自存”；“东方婚嫁太早之俗，必不可以不更，男子三十女子二十，实至当之礼法”。1918年在写给学生熊育钖（纯如，1868—1942）的信中，他也明白表示“吾国前者，以宗法社会，又以男女交际不同西国之故，遂有早婚之俗，而末流或至病国，诚有然者”。对严复来说，早婚的弊病是子嗣过多，养育欠佳，因而导致恶性循环，影响到种族的发展，所谓“谬种流传，代复一代”。这样的想法无疑与严复的亲身经历与时代环境有关。“禁早婚”在清末是一个很流行的观点，梁启超发表于1902年的《禁早婚议》一文也非常详尽地讨论早婚的各种缺点。胡适早年在《竞业旬报》（1906—1908）所发表的《真如岛》《婚姻篇》等文也罗列早婚的各种坏处。

王夫人去世之时，严复不到四十岁，后来他又娶了一妾一妻，生了四男四女。

北洋当差：味同嚼蜡

1879年夏天严复自英返国之后，在船政大臣、光禄寺卿吴赞诚（1823—1884）的任命下，任教于福州船政学堂。官方记录中严复留学的经历如下：

> 严宗光在抱士穆德肄业，随入格林尼次（按：格林威治）官学，考课屡列优等，又赴法游历，后复回该官学考完数理、算学、气化学及格致、驾驶、炼镕、枪炮、营垒诸学，五年六月吴赞诚以工次教习需才，调回充当教习。

为了标示一个新阶段的开始，严复将名字由“宗光”改为复，字几道。“复”字来自《易经》，取其“复其见天地之心乎”（“复卦”）；“几道”则出自《老子》“上善若水，水善利万物而不争，处众人之所恶，故几于道”（第8章）。中国传统士人以字号来明志，上述的选择反映出严复受到儒家与道家思想的影响。次年，严复在陈宝琛的推荐下，接受李鸿章的指派，从福州北上，赴天津北洋水师学堂任教。

1880年8月开始任职北洋水师学堂，26日晋见李鸿章，次日又向吴赞诚报到。根据当时的观察，该学堂环境优美，设备颇佳，“水师学堂设在机器东局之旁，堂室宏敞整齐，不下一百余椽。楼台掩映，花木参差，藏修游息之所，无一不备。另有观星台一座，以备学习天文者登高观测”，“天津水师学堂，培植北地人材以供器使在案，兹距开馆一年有奇，学生造诣渐有端倪”。

严复在此校由“洋文正教习”一职开始其教学生涯。同年年底，李鸿章奏请“奖励出洋生徒”。严复得到的奖励是：“免补本班，以都司（按：都司为清代绿营的武官。该官品为正四品，位于参将与游击之下，县府守备官之上）仍留原省尽先补用，并赏加参将衔。”至1884年底，严复以“教习都司”的身份与“游击卞长胜、学生伍光鉴、王学廉等”，“以天津水师学堂办有成效”，再次得到奖叙。其中严复名列奖励清单的第一名。

1888年严复“报捐同知，双月选用”，后因功免选同知（按：同知为清朝文官，位阶约为正五品，而职能通常为佐理知府之盐政、缉捕盗匪、海防等行政事宜），直接以知府选用。1889年初“奉委会办天津水师学堂事宜”，1891年升为道员（为省与府之间的地方官，正四品），再于1893年底“委办天津水师学堂”（亦即升为“总办”），此后的传记资料则称之为“北洋水师学堂总办道员严复”“北洋候补道、水师学堂总办”，或依该官职（道员）之古名，称之为“观察”。

严复在官场上并不得意，他在写给堂弟的信中表示：“当今做官，须得内有门马，外有交游，又须钱钞应酬，广通声气，兄则三者无一焉，何怪仕宦之不达乎。”在1890年代初期，严复因不受长官重用，曾打算离开李鸿章阵营，至南方投奔张之洞（李鸿章与张之洞是当时南北两大派系）。严复于1895年初，在写给四弟观澜的信中表示：“兄北洋当差，味同嚼蜡。张香帅于兄颇有知己之言，近想舍北就南，冀或乘时建树耳。”可惜两人观念有所差距，尤其是严复在《直报》上发表四篇评论时政的文章之后，张之洞大怒，命御史屠仁守（1836—1904）在《时务报》撰文反驳。其后，严复私下称张之洞是“妄庸巨子……恐此后祸国即是此辈”，并公开反驳张的“中体西用”论。随后，张、严两人关系破裂，严复继续留在北洋水师学堂。

1882年之后，驾驶学堂与管轮学堂各有一位正教习或总教习，负责西学，严复担任驾驶学堂总教习，而他的同乡、同学、好友萨镇冰（1859—1952）则曾担任管轮学堂总教习。当时一位曾以幼童身份留美、返国之后进入天津水师学堂（驾驶学堂）就读的学生梁诚（1864—1917），就称严复为总教习，他说：

> 我们一行九人来到这所海军学校……此学校在一年前亦由李鸿章创办。所有教习均系华人，总教习为英国格林威治

海军官校毕业，其他教习也曾在福州船政学堂受训三年。

有趣的是，这一位年轻学生对严复的教学很不满意，说他的数学课教得尤其不好：

> 我们的总教习，那位在英国受教育的，像其他中国教习一样不知如何施教。他上课每次念一小段，使人一听见他就感到恶心。数学应该是他的本行，但我们常发现他做几何及代数时也造成不必要的问题，他照书本一字字往下念。

因为缺乏其他的记载，我们难以断定严复是否在教学方面真的那么失败，但如对照上述“兄北洋当差，味同嚼蜡”一语，我们或许可以想象，教书工作并没有为严复带来“教学相长”的乐趣。他后来回忆自己掌管水师学堂的经历，认为自己并未培养出好的人才：“复管理十余年北洋学堂，质实言之，其中弟子无得意者。伍昭扆（光建）有学识，而性情乖张，王少泉（劭廉）笃实，而过于拘谨。二者之外，余虽名位煊赫，皆庸材也。”伍光建与王劭廉都是严复的得意弟子，两人都在英国学海军，返国后也从事海军教育。1909年三人同时获颁“文科进士”。伍光建后来和严复一样成为一位翻译名家，译作有130余种。

在天津的20年间，严复的仕途限于水师学堂，无法更上层楼（像日本的伊藤博文那样自英国留学归来之后，出任日本的内阁总理大臣），和他缺乏正式的科举功名有直接的关系。在严璩所写的《侯官严先生年谱》中，他谈到当时严复的心声，“自思职微言轻，且不由科举出身（当时仕进，最重科举），故所言每不见听。欲博一第入都，以与当轴周旋”。因此严复花了108两银子，捐了一个监生，从1885年开始，四度参与科举考试：1885年参加福建的乡试、1888年参加顺天乡试、1889年参加顺天恩科乡试、1893年再次返回福建参加乡试。遗憾的是，四次考试均名落孙山。

科举考试的经验对严复的重大影响，让他认识到中国人才选拔制度（如以八股文取士）的严重弊端，并提出改革制度的主张。他说八股取士有三大弊病：“锢智慧、坏心术、滋游手”，“使天下消磨岁月于无用之地”。因此他大声疾呼“痛除八股而大讲西学”。但是值得注意的是，准备科举考试的过程，对严复个人成长来说，可能不完全是负面的。余英时曾指出一个“塞翁失马”的现象，他认为严复从30至40岁为准备考试而阅读经史典籍，此一功夫不失为对于运用古典文字的一种有效训练。因此严复在此10年间，有系统地沉浸于举业之中，使他补足了自15岁开始便中断的传统教育，“经过这一阶段，他虽然是‘半路出家’的留学生，他在中国古典文化的一般修养已与同时代的士大夫没有很大的区别了”。严复后来将八股文的写作与西方逻辑学的训练结合在一起，而开创出一种独特的“逻辑的古文”（钱基博语）。

严复在水师学堂的生活显然不尽如人意，因此他在闲暇之时也开始阅读西书，后来又进而以翻译西方经典为职志，而成就一生事业。

异性情缘（二）：纳江莺娘为妾、娶朱明丽为妻

1892年严复38岁，于天津北洋水师学堂已任职十余年，这一年王夫人过世。严复娶了一个福州乡下的女子江莺娘为妾。她的父亲为泥水工人，因仰慕严氏家风与先生的才情，故答应此门婚事。此时莺娘仅13岁，比严复年轻25岁。江莺娘为严复生下二子（1893年生瓛，小名文殊，1900年早殇；1897年生琥，字叔夏，乳名普贤）、一女（1899年生璸，字香严，乳名细宝）。

严复纳妾之时正是他一生之中很不得意的时期，如他所述，“北洋当差，味同嚼蜡”。一方面他在北洋水师学堂得不到李鸿章的重用，同僚之中又有非常严重的南北派系之争。另一方面诚如上述他为了进入正统的士绅阶层，捐了一个监生，四度参加乡试，不幸都没有考上。或许由于这两方面的挫折，严复于1880年代开始吸食鸦片（下详）。同时在1895年前后，严复也考虑“舍北就南”。后来因为严复发表《辟韩》一文，张

之洞“见之大怒”而未果。

从1892至1900年，莺娘似乎都陪侍在侧，然而两人关系并不融洽。根据严复的表述，莺娘不识字，个性内向寡言、脾气欠佳，“江姨向极寡言，既不出门，又不能看书”；“姨太心性，我岂不知？意孤心傲，就劝他亦不受的。其对我尚然如此，他人可知”；“其性质，本极寡情，又脾气极其傲亢”。这样的个性似乎与严复不甚匹配。严复的长辈郭嵩焘的记载显示，严复虽然才气纵横，但“气性太涉狂易”；继郭出任公使的曾纪泽也认为严复骄傲自负，有“狂傲矜张之气”。严复的好友夏曾佑的批评最为直接，他说海军学堂内“侯官之于中西各教习，均以奴辈蓄之也”。严复于天津北洋水师学堂与同事相处不洽，显然与其狂傲的个性有密切的关系。以严复的个性来说，他所期望理想伴侣的“性情”须是活泼外向，“能言会笑”之人，“方不寂寞”，莺娘的个性并不符合他的要求。

很可惜我们不了解江莺娘对此段婚姻的感受，只能看到严复主观的描写。根据严复在1910年时的说法，“自渠十五岁(按阴历，以虚岁计算）到我家，于今十又八年……在阳岐、在天津，那一天我不受他一二回冲撞。起先尚与他计较，至后知其性情如是，即亦不说罢了……此人真是无理可讲，不但向我漠然无情，饥寒痛痒不甚关怀”。由此可见两人相处并不愉快，这不但与两人孤傲的个性有关，或许也是此一阶段严复在外饱受各种挫折，在家中心情不快所致。当然严复吸食鸦片或许也是因为希望借此纾解在事业与家庭生活中所遭遇到的痛苦。

1900年天津水师学堂在义和团事件之中为外人炮火摧毁。46岁的严复在仓皇之中逃到上海，在路上子生瓛因病夭折。在上海他遇到他的第三任夫人朱明丽（死于1941年），两人并于4月成亲。朱夫人的父亲为朱畇青，朱家的背景因史料缺乏，不甚清楚。只能确定她家住上海、识字，是一个在城市中长大，又受过教育的女子。然而明丽文字方面的功夫并不十分纯熟，写信偶有别字。在婚后严家之中大小事情都由她来管理，分隔两地时严复与她三五天即通一封信，由此可见两人之间感情深厚。她为严复生了二子（1904年生璇，字季将，乳名约翰；1910年生玷，字稚骞、无玷，又名佛烈）、三女（1901年生璆，字华严；1905年生珑，字海林；1908年生顼，字眉南，乳名毛头）。

严复与朱夫人之婚姻很可能是因为他与莺娘之间关系不睦，加上两人教育水平上的差异，造成心灵上难以沟通的结果。根据黄遵宪（1848—1905）的说法，严复与朱明丽因《天演论》而结缘。黄遵宪诗云："一卷生花天演论，因缘巧作续弦胶；绛纱坐帐谈名理，似倩麻姑背蛘搔。"如果此一传闻属实，那么朱明丽或许是因为读过当时风行一时的严译《天演论》，对严复心生仰慕之情，因而决定嫁给严复。

朱明丽的进门给严复的家庭生活带来一个变数。结婚已八年的江夫人对此事颇为不满。为了避免家庭纠纷，严复总是劝明丽要与莺娘和好，“卿与莺娘须格外和好，互相保重”。

或许是为了维系家中妻妾的和睦，再加上财务方面的考虑，1901年至1910年，严复在天津、安庆与北京等地任职之时，将明丽留在上海，仅带莺娘同往。由于空间的分隔，莺娘嫉妒之心似乎稍减，也全心全意地伺候严复的饮食起居。

这一期间严复也曾考虑过全家团聚一地。在1907年开始于学部任职之时，同事严修（字范孙，1860—1929，为学部侍郎）劝他将全家迁来北京，但是严复考虑后却觉得不妥，他以戏谑而又无奈的口吻和明丽谈到此事，认为两地相隔虽苦，但见面时“回回新鲜”，亦复有趣。

明丽在上海不但要照顾家庭子女，还要经营一家规模不小的黄包车行（曾多达30辆车），十分忙碌。然而严复对她的角色期望仍是颇为传统的，希望她尽一个做太太的“天职”，管束子女佣仆、少出门，多学习家常烹饪：“家中照管门户，教束儿女，系做太太人天职，非不得已不要常出门也”；“男女佣仆认真管束，我不在家，大门似可不必常开，至滋失慎”；“居家无事，可以随时买些小菜，同璆儿等学习家常烹饪，此本是妇女孩们分内的事，他日持家，可省无穷气恼”。

1909年冬天，严复在北京任职于学部名词馆，他的妻与妾之间再度发生冲突，这次是明丽抱怨严复偏心，只寄西洋参给莺娘的孩子，而不给她的孩子。在妻妾争执之中，严复感叹“世间惟妇女最难对付”。此外在金钱安排、儿女教养等方面莺娘与明丽也时有冲突。

1910年莺娘突然精神病发，延宕数月，严复与莺娘之间的夫妻关系因此而告终结。在这期间，严复与莺娘数次“大相冲突”，让他觉得“自家暗想，真天下第一可怜人也”。

1910年农历四月二十三日（1910年5月31日）莺娘离开北京，两人的关系至此结束。后来莺娘有意返家，严复却断然拒绝。在与莺娘冲突之际，56岁的严复也曾考虑再纳一妾，然而又想到“艰于物色，若性情不对，则亦无益而徒增累耳”，因而作罢。1910年秋天严复将明丽与子女从上海接到北京，住西城太安侯胡同。此后多半的时间明丽都伴随着他。总之，在严复一生之中，他与第二位夫人的关系是以分居收场，而第三位夫人则是他生活上、情感上的重要支柱。

严复的烟霞癖

从1880年代末期至1921年的30多年之间，严复的身心状况与鸦片吸食有不可分割的关系。他从幼年开始，就看到老师黄夫子有吸烟的癖好。根据严复的甥女何纫兰所述，严复是在同事、亲家吕秋樵家中染上烟瘾的，不过吕本人并不吸烟。在1889—1890年，严复在与四弟的几封信中说道，“兄尚未革烟，何时革，亦易事，不烦远挂”；“兄吃烟事，中堂亦知之，云：‘如此人才，吃烟岂不可惜！此后当仰体吾意，想出法子革去’。中堂真可感也”。由于严复有抽鸦片之癖好，他的第三任妻子朱明丽除了负担家务、教育子女，她的另一项重要的工作是为严复购买鸦片，再请人带给他或直接寄给他，使严复的鸦片供应能不虞匮乏。在严复写给明丽的63封信函之中，有27封谈自身的疾病，17封催促她速寄鸦片，有些信则两者都说。从通信之中我们甚至还发现严复不但吸鸦片，偶尔还因为失眠而注射吗啡。兹将数条史料抄录如下：

吾因感寒，夜间患咳，吸烟更甚，有似去年。

1907年10月21日

药膏一日尚是三遍，夜间多筋跳，睡不着。昨晚直到三点尚不能睡，吃药丸吃睡药都无用。

1908年8月

吾到津以来，别的没有甚么，只是晚间多睡不着，早起跳筋……药膏吃已过半，事多一日三瓢，不能减少。药单不知往那里去，又没带有烟灰，市上买灰恐靠不住，今特作快信到家，叫你再熬四剂，一钱灰者，分作两罐，熬好交新铭关买办，即他船亦可，带津交河北学务处严收，切切。

1908年9月8日

药膏本日已尽，而新熬者尚未寄来，不知需受苦几日，只怕新的寄来，我已戒尽，不须再吃，未可知也。按在此日日有事，恐精神不够支撑耳。

1908年9月18日

膏药再熬两剂来，当够用到回时矣。

1908年10月11日

此处所剩药膏，不过数日便完，望再熬两剂，装罐寄来，愈早愈妙。

1908年10月17日

药膏两瓶，现已吃完一瓶矣。吾身体如故，惟晚间十二点睡，至多至六点便须起来，其时天或未亮，甚以为苦。一半由肺气不舒，晨间喉中作响如前，须吐痰食膏药后始差。

1908年11月2日

体气到京后虽无甚病，却不算佳，夜间多睡不着，早起大解三五遍不等，药膏只须两顿，临睡因腿跳，常不得已而用吗啡针，所打至少不过数毫之重，然往往仍睡不着，此信即三点钟所写也。

1909年6月2日

此外在日记之中，他也记录了“服药膏”“抽大烟”的情形。由上述的自白可见严复的烟瘾很强。

1904年严复曾请医生协助戒烟。他的朋友英华记载“步至苏州河，询问柯师医生，良久，至河南始得晤。严又陵先生现戒烟，谈有时，严引予见医生”。此次戒烟可能未成。1909年秋天，严复又打算戒烟，然而几天之后因缺乏毅力，烟瘾发作，再度吸食。在信中他谈到戒烟失败的经验：

因患感冒风寒，又缘有同乡医生许钟岳，力劝将烟丸戒尽，身体可期强壮。我服其药三四日，便不思再食烟丸，精神食量亦较前稍佳，据言旬月之后，必然大好。

吾从药丸除净后，体力反觉不支，大抵不外泄泻、咳嗽及筋跳三件，昨前两宵作扰尤甚，饭后九、十点即非常困倦欲睡，睡又跳筋两三点钟，勤捶不差，服睡药亦无效，不得已乃取家制药膏半茶匙，服下乃得安静。……药膏既须服，可再熬两罐来，或寄数两好灰，将方抄来亦可。

戒烟失败之后严复虽恢复吸烟，但烟瘾减小，每日只服半匙，有时则稍多。明丽在配方上似乎也做了一些调整：

我在此间责任颇重……精神尚支得住……药膏每日尚须半匙，所用即汝夏间寄由嘉井者，计两罐，可敷过年，不知彀否？

[1909年十月初八，新历11月20日日记] 本日十一点吃药膏稍多，先行三次。

刻我诸恙均见差减……药膏一日只服半匙，怪得这么灵，吾知烟灰加重，以后当更少服，药丸中有他药，据老许云不宜常服也。

刻腹泻腿跳等症都比从前好些。药膏亦已减少，多吃反不舒服。

1910年之后严复的烟瘾又变大了，“药膏尚日服两茶匙，现又须煮，但前带烟灰已罄，大小姐若来，家中烟灰可先带两把应用也”。此后至1912年严复被派任为京师大学堂总监督，其间虽“时思断绝”烟瘾，但还不断地请明丽托人带鸦片到北京来，“闻君潜来京在即，来时可托带鸦片二两来京，五元一两便可吃矣”，此外，他也试吸过一些“三元每两，自是便宜”

的新产品。

1916年1月9日他的日记中写着“Two pipes in the afternoon”（下午抽了两管）；1919年的日记又有“起服新药膏”“起吃新药膏”“买大土膏，用起”等字眼。“药膏未除，病甚，便以药膏止之，亦复有效。”一直到严复死前一年多才戒除。他在1920年4月写给儿子的信中说，去年在北京因大病入协和医院，在甘医师的协助下才戒掉鸦片：

> 须知吾身乃有两病，从前医生皆来细为看出。盖第一在肺，众人所知；其次在肠，众人所忽。然吾自得疾以来，大便实未尝好过，乍愈乍剧；每日早晨二三度或四五度，至下午始差。客岁在闽在沪均是如此，当时药膏未除，病甚，便以药膏止之，亦复有效。至去年到京，累患脾泄，向狄博尔求药，亦无良果。大病，入协和医院，药膏经甘医除去，泄泻颇甚，而溲以为鸦片之反动力，转以为佳，然每日三四行，实亦不甚觉苦。出院到家之后，始尚不甚苦人，至此后月余日，渐渐增剧，又于腹中酵气Fermentation（按：发酵），早起五点以后，激刺苦人，不能安卧，上午非五七次至圊不已，坐是饮食不养，人亦瘦困，而喘咳加剧。近者英邱格Qouk大夫代吾诊治，于十二夜，用Calomel（按：氯化亚汞，别名甘汞，可用作轻泻剂）两片，以发胆汁，天明用Magnesium Sulphate（按：硫酸镁，又名泻镁，口服硫酸镁有良好的导泻

功能）水两匙，意取如此宣泄二次，可将腹中激刺恶物，全行刷下。不料吾自戒烟以后，肠胃极弱，遂乃一泄至十零遍，而人不支矣。于是将第二剂急止，然至十五夜，尚用其半以遂前昼。现在虽尚有零星泄泻，幸已降差，天明稍可安卧，再加数日将养，当可稍安。

严复出院之后，在1920年1月4日写了一封信给他的学生熊育钖，谈到自己痛苦的经验，也劝年轻朋友绝不可吸食鸦片：

复回京后，于新历十二月初旬，又一病几殆，浑身肌肉都尽，以为必死矣，嗣送入协和医院，经廿二日而出，非曰愈也，特勉强可支撑耳。但以年老之人，鸦片不复吸食，筋肉酸楚，殆不可任，夜间非服睡药尚不能睡。嗟夫！可谓苦矣！恨早不知此物危害真相，致有此患，若早知之，虽曰仙丹，吾不近也。寄语一切世间男女少壮人，鸦片切不可近。世间如有魔鬼，则此物是耳。吾若言之，可作一本书也。

1月20日，他又说“复近所以与鸦片脱离者，非临老忽欲为完人，缘非如此，则稠痰满肺右部，凝结不松，无从为治故耳”。严复此时戒掉长期吸食之鸦片或许对他的身体冲击甚大，本来因鸦片而维持的身体因戒烟而失去平衡，来年即辞世。

严复在1880年代末期染上烟瘾或许是因为怀才不遇、考试失败，以及与莺娘不睦。他吸食习惯的持续不但出于心理挫折，也与生理病痛密切关联(鸦片有镇痛功效)。严复中年以后，呼吸与消化器官一直不好，喘咳、腹泻、筋跳，以及失眠等病症长期困扰着他，1919年初“喘咳大作，神识瞀乱，昏不知人，昼夜危坐床褥”，这样的病痛使他养成依赖鸦片、吗啡来舒缓病痛的习惯。

他持续的吸食习惯对家庭生活有诸多影响。使明丽忙于张罗、托带等事自不待言。就经济方面来说，以严复仕宦所得，加上明丽经营车行，严家的经济能力或许足以负担鸦片的购买，然而可能是因为这方面的开销也不少，严复一再要求家人勤俭持家、节省费用，也发出“人生之不可无财也”的感叹，应与此有关。

严复吸食鸦片也影响到他的公众形象。革命党人反对他的君主立宪之主张时，曾借此而大做文章。1907年楚元王在《民报》上发表《谕立宪党》一文，对所有立宪派大加诋毁，“张謇、严复两个人，一个是圆滑，一个是懒惰……严复的为人，只晓得自私自利，只享权利不尽义务。他在安庆高等学堂里面，天天抽鸦片，一个人都不会，一件事都不做，每月白白的骗五百块洋钱，还有时候住在上海，又骗用复旦学院的修金。实在是个大滑头了”。此一评价不见得公允，然严复抽鸦片一事确实是落人之口实。

1912年9月严复任北大校长时，仍有报刊文章攻击他吸食鸦片之事：“严复……昨自天津返京，夹带大烟枪一具，大烟膏数十两，秘密藏之匣中……不意行抵前门，竟为站长查出，闻立刻将烟具、烟膏和严复一并送到步军统领衙门去了。”此事或系虚构，然对严复的名誉造成重大的负面影响。

我们很难想象这样一位翻译大师一方面以典雅的文言文翻译《天演论》，鼓励国人发愤图强，而另一方面躺在床上吸食鸦片；然而，严复主要的作品都是在鸦片所提供的身心舒缓状况之下所写出来的。在这方面，严氏后人严家理提供了一个证据，显示严复抽鸦片时曾教人读古文，且抽完鸦片之后，并不久卧烟榻，反而常正襟危坐读书写字。同时，吸食鸦片的经验才使他深刻地体认到要挽救“中国者，固病夫也”的困难。1895—1896年在举国闻名的《原强》一文中，严复有以下的话：

> 嗟乎！外洋之物，其来中土而蔓延日广者，独鸦片一端耳。何以故？针芥水乳，吾民之性，固有与之相召相合而不可解者也。夫唯如此，而后知处今之日挽救中国之至难。

严复也提出具体办法来解决鸦片问题，甚至还乐观地认为“夫何难变之有欤！”：

> 中国礼俗……沿习至深，害效最著者，莫若吸食鸦

> 片……此中国朝野诸公所谓至难变者也。然夷考其实，则其说有不尽然者……假令天子亲察二品以上之近臣大吏，必其不染者而后用之，近臣大吏各察其近属……如是定相坐之法而实力行之，则官兵士子之染祛。官兵士子之染祛，则天下之民知染其毒者必不可以为官兵士子也，则自爱而求进者必不吸食。夫如是，则吸者日少，俟其既少，然后著令禁之，旧染渐去，新染不增，三十年之间使鸦片之害尽绝于天下。

严复在写这一段话时，或许也为自己无法成为“自爱而求进者”而深自悔悟。这一矛盾现象显示严复内心私情与公义的冲突，而他一生竟然都无法坦然面对此一矛盾。

严复与梁启超：津、沪维新派士人之间的交往

严复在天津水师学堂任职期间认识了比他小约20岁的政坛新秀梁启超。两人相识是在甲午战后，大约1896年夏、秋之际。在此之前梁启超已读过严复在天津《直报》所发表的《原强》《辟韩》等文，两人却未曾谋面。1896年3月，因强学会被查禁，梁启超离开北京前往上海，开始与黄遵宪、马良、马建忠兄弟等人交往，7月梁任公与汪康年、黄遵宪等创办鼓吹革新变法的《时务报》。

严、梁订交的牵线者之一是黄遵宪。黄遵宪与严复相识大约是1895年7月，黄赴北京参加强学会之后的事。1896年夏末，黄遵宪赴天津，将他与梁任公在上海创办《时务报》之事详细地告诉严复，也趁机寻求严复的支持。该年8月18日，严复写了一封信给汪康年与梁启超，从信中“穰卿进士、卓如孝廉均鉴”的称谓，以及“前寄一函，想经伟照”的内容，可以推想此时两人初识，且已有书信上的联系。在此封信中严复表示愿

以具体行动支持《时务报》。《时务报》馆后来收到了严复捐赠的100银元，在1896年9月出版的《时务报》第7册，刊登“严又陵观察助银一百元”的消息。

严、梁订交的牵线人还有严复的好友马良、马建忠兄弟。1877年严复赴英留学之时，马建忠因李鸿章选派，以随员兼法文翻译身份同行，与严同船赴欧，马建忠后进入巴黎政治学堂，修习国际法与外交，1880年3月返国。在欧期间，严复与马建忠因为郭嵩焘与李凤苞的关系，也曾偶尔见面。马良与马建忠均熟悉西方语文与洋务，并与李鸿章关系密切。严、梁初识之后双方继有书信往还。1896年9月2日梁启超在写给严复的信中十分称赞严著《原强》一文，也告诉严复他正跟马建忠学拉丁文，并希望严复能挑选几篇稿子交《时务报》发表。严复则在回信中予以勉励，并表示《天演论》手稿已完成，寄请任公指正，而《原强》一文“自觉不成一物……拟更删益成篇，容十许日后续呈法鉴”。后来不知何故《时务报》没有刊登《原强》，仅于23册转载了批判专制的《辟韩》一文，还引起了激烈的论辩。

1897年2月，严复又写了一封长信给任公，对他在《时务报》的言论，特别是《变法通义》的主张提出批评，这封信原件不存，我们只能从任公的回信中约略地了解其内涵。他认为任公不当的言论将会对社会大众产生重大的影响，“毫厘之差，流入众生识田，将成千里之谬”，而且“苟所学自今以往继续光明，则视今之言必多可悔”。这一封信在严、梁关系上是一个重要的转折，在此之前严复对任公多为赞赏、鼓励，此后则转为多所批评。

梁启超收到来信之后，没有立刻回复，至三四月间才写了一封信给严复。从这一封信我们可以了解《时务报》时期任公的思想状态，以及严、梁思想上的交会。梁启超对严复在信中的批评深表感激，“知天下之爱我者，舍父师之外，无如严先生；天下之知我，而能教我者，舍父师之外，无如严先生”。但对严复的批评，他提出了不少的辩驳。他也向康有为禀告此事，“严又陵有来书，相规甚至，其所规者，皆启超所知也，然此人之学实精深，彼书中言，有感动超之脑气筋者”，似乎显示任公企图向康表示严复的来信并没有动摇他原有的思想路向。

其实这时任公思想已经在康、严之间游移，从他的《说群序》明白可见：他一方面跟随康有为的“以群为体，以变为用”的观念，另一方面觉得康有为并没有将“群”的概念说得十分透彻，直到他读了谭嗣同的《仁学》与严复的《天演论》，才“犁然有当于其心”。任公因而想将康有为的想法与《仁学》和《天演论》之观点结合在一起，建立一个有关于群的理论。任公后来思想的发展与他在康、谭与严之间的取舍有关。

《与严又陵先生书》中严复与任公思想之差异，代表了戊戌变法前夕两种对文化修改的看法。在目标方面，任公揭橥者乃康有为式的，奠基于孔子改制，并环绕着政治核心全面改组的激烈变革。诚如学者所指出：任公“一再主张废科举兴学校的《变法通义》，其实际所企图的，并非在普及西洋方式的学校教育，而是在扩大以共同拥有基于孔子改制的解读方法为起始的康学的讲学之场所。要将康学的方法通过报刊，在不知不觉中渗透进读者的脑中以养成风气”。在方法方面，任公所宣扬的变法是以“陈胜吴广”揭竿起义的精神，从各方面抨击现况、强调变革的重要性，因此缺乏全盘规划，也没有分清楚各项改革的缓急先后。在思想风格上，此时康、梁均倾向彻底改造的转化思想。

严复对此很不满意，他不但批评任公立言草率，而且认为任公以康学为中心思想的改革方案具有“西学源于中国说”的特色，亦即“引中国古事以证西政，为彼之所长，皆我所有”，任公所撰《古议院考》，所谓“议院之名，古虽无之，若其意则在昔哲王所恃以均天下也”的说法，即为一例。严复认为这样的方案无法认识到中国的病根与西方的优势，“黄种之所以衰，虽千因万缘，皆可归狱于君主”，“中国历古无民主，而西国有之”。

这一封信对任公思想产生不小的影响，当时他虽然还是“康学”的支持者，仍处在康阵营之内，但已种下后来思想变化的种子。这封信拉开了梁启超与今文经学传统的距离，致使后来梁与康的分道扬镳，并破除了“中华中心”论，使任公更积极地引介西学。此后任公对中西文化的看法产生变化，他不再像康有为那样，对西学的赞赏只以合于孔子的言论为限。具体而言，在历史观方面，任公开始不全然肯定“三世之义”“孔子改制”，而从历史进程的本身与自由精神的伸展，追索人类进化的规律，这也划分出三世说与演化论的界线。

其中最明显的一个征兆是有关“保教”的问题。保教一说源于康有为，在受到严复（以及黄遵宪）的质疑之后，梁启超开始反对此一说法。1902年任公在《新民丛报》第2期所撰《保教非所以尊孔论》，批评康有为之说，肯定思想自由的价值，即源于严复在信中所谓：“教不可保，而亦不必保……保教而进，则又非所保之本教。”难怪严复读到这一篇文章之后非常称许，认为“凡此皆非囿习拘虚者所能道其单词片义者也”。后来任公在《清代学术概论》之中，清楚地叙述他在26—30岁之间（1899—1903）逐渐质疑康有为学说的过程。

从整体的思潮趋向来观察，1897年严复与梁启超书信的往来其实不只是两人之间的事，而是代表了在戊戌变法前夕，天津、上海两地维新人士之间的交往。上海的维新人士以梁启超的《时务报》为核心，天津则以严复为首，再加上王修植（菀生，天津北洋大学堂总办）、夏曾佑（穗卿，天津育才学堂总办）、杭辛斋等人，他们的言论机关是《国闻报》。严复晚年曾回忆办报的经过，“在光绪丙申、丁酉间，创《国闻报》，实为华人独立新闻事业之初祖。余与夏君穗卿主旬刊，而王菀生太史与君（杭辛斋）任日报。顾余足迹未履馆门，相晤恒于菀生之寓庐”。可见四人彼此之间之情谊。

严复写给梁启超的信，寄出之前，也曾给王、夏等人过目。上文提及严复致梁启超的长信寄出之后，任公没有立刻回答，在这期间王修植写了一封信给汪康年，希望任公对“吾党切磋之意”早做回复，而且“当论是非，不当争胜负”。不久，任公回信寄达严复之手，严复也将此信与天津友人分享。王修植再度写了一封信给汪康年，又谈到“但宜论是非，不宜争胜负”，而且强调，以此精神为基础，双方才能够“同舟共济”。信中“然其持论，亦仍不免有主张之处”似乎透露天津的这一批人对任公的响应不甚满意。但双方的关系仍然继续维系，在同一封信中王修植和汪康年谈到将在天津创办《国闻报》与《国闻汇编》，希望能与《时务报》的代表相磋商。我们不确定《时务报》是否立刻有人来津洽谈，仅知道在戊戌变法之前，上海、天津之间维新人士，因为合作办报纸，一直维持密切的关系。例如《时务报》在创刊之初就曾将宣传文案交王修植，请他转发同仁。《时务报》在天津的经理人后来即由王修植的表兄弟“西学官书局陆汲甫茂才”担任，陆氏定期将天津所收到的《时务报》“报资”寄交上海。王还向汪康年表示此人“甚为可靠”。王修植与严复也承诺将不计稿酬，为《时务报》撰写论说。

总之，天津的《国闻报》与《国闻汇编》就在津沪士人合作的气氛之下，于1897年10月创刊。在创刊之前，严复、夏曾佑与王修植又联名写了一封信给汪康年、梁启超与麦孟华，希望在《时务报》上刊登《国闻报启》，并请求《时务报》馆能协助《国闻报》在南方各省的发行工作，这时黄遵宪也时常往来津沪，从事双方之间的沟通工作。八月初一汪康年收到信之后，立刻有所行动，并在8月11日出版的《时务报》第38期中刊登“本期附送天津国闻报馆启”。然而《时务报》却没有协助《国闻报》的发行工作。根据1898年2月，王修植致汪康年函，《国闻报》去年在上海委托《新闻报》馆代销，津沪双方之间的合作似乎不那么顺利。

无论如何《国闻报》在1897年10月正式出刊，在《国闻报缘起》一文，编者表示该报仿英国《太晤士报》(按：现译为《泰晤士报》)之例，宗旨为“通上下之情”与“通中外之故”，而其缘起则受到《时务报》等报纸的鼓励。至1898年初，《国闻报》的发行遭遇困难，其中的一个原因是缺乏采访人才，导致新闻来源不足。王修植说“《国闻》访事人亦无好手，均系敷衍角色。京中时有重大新闻，或系得自西人，或系得之交好，亦无一定也”。另一个问题是缺乏翻译西文的好手。严复透露：“《国闻报》馆曾将原文西报分与此地学生教习等翻译，而其中须重行删改者，十人而七八”，可见学生翻译的文章最后还需偏劳严复再作校阅。总之，1898年初《国闻汇编》停刊，《国闻报》则继续发行，每天的销路只有1500张，此一数字远远不如《时务报》上万份的发行量。这时王修植只好请求汪康年协助“推广销路”。王修植甚至请汪康年帮忙，希望请求张之洞模仿《时务报》《知新报》之前例，“通饬各属士商看报”，信尾还表示“严复附笔致候”。

这些请求几乎都落空了，这显然是因为当时《时务报》内部发生纷争，梁启超与汪康年意见不合，梁启超、麦孟华与章炳麟也“辄如冰炭”，黄遵宪则“几与汪穰卿决裂”；1897年秋天，黄遵宪、梁启超乃先后赴湖南推行新政，倡办南学会、时务学堂。1898年初《时务报》方面自顾不暇，并无余力协助天津的朋友。

这时严复主编的《国闻报》不但得不到上海方面的援助，还受到朝廷的压力。1898年2月29日王修植致汪康年函中，沮丧地表示“日来心绪恶劣”，因为“此间馆事颇发阻力，总署已具稿，将奏请北洋封禁”。与此同时，夏曾佑写给汪康年的信也提到，2月底、3月初之时，《国闻报》馆受到各种压力，因此只好将报馆卖给日本人。3月6日起，《国闻报》改由日本人西村博接办，加印“明治”年号。夏曾佑并表示《时务报》所需要的文章，“严老近无暇，弟亦无暇，菀生方作之，日内想可寄上”。

夏曾佑所说“严老近无暇”，主要是因为当时《国闻报》馆正承受“政府阻力”，严复被人指控“与外人勾串”，光绪亦得知此事，上谕指示北洋大臣直隶总督王文韶调查《国闻报》

馆现办情形。王文韶调查之后禀告“查无其事”，但仍“谕斥严复并学堂学生等，嗣后不得再有只字附登馆报，以自取戾”。后来严复在7月29日蒙光绪召见，光绪还问他与《国闻报》之关系，严复轻描淡写地回答，“臣非该馆主笔，不过时有议论，交于该馆登报耳”。

当《国闻报》被人指控之时，康有为在京师发起保国会。闰三月十五日（5月5日），任公写信给夏曾佑，一方面谈到保国会受人参劾，另一方面则请夏曾佑将《保国会章程》刊登于《国闻报》之上。闰三月十七日（5月7日），《国闻报》登出《保国会章程》三十条，由此可见天津士人对康梁改革主张的支持。其后《国闻报》对保国会的活动，做持续的报道。

因为津沪士人相互合作的关系，在这期间严复等人密切地注意《时务报》内部的纷争，6月3日严复在写给汪康年的信中说到自身的处境，并关心内斗对汪的打击：“《国闻报》被劾事已解矣。近闻御史宋伯鲁（1854—1932，戊戌变法中的重要人物）奏请以《时务报》改为官报事已交孙五先生议矣，据有人言此举乃报复，意欲使公不得主其局，不知曾闻否？”严复所说的心存报复之人很可能指任公。这时《国闻报》发表了汪康年、黄遵宪与梁启超相互攻击的启事。1898年7月10日，《国闻报》又登出严复所撰写的《〈时务报〉各告白书后》。对此事，严复较同情汪康年，而批判梁启超、黄遵宪，认为他们奏请改为官报之举是“借贵位尊势以劫制天下”，与任公平日强调

“凭公理以悦服人心”的论调不符。这一件事情后来无疑影响到严复对梁启超的评价，也使两人关系益为疏远。总之，1898年6月《时务报》停刊，《国闻报》则早在同年3月起归日本人经营，风格转变。不久发生百日维新与戊戌政变，任公流亡日本。严复在事变之中行事低调，幸免于难。严、梁关系至此暂时终止。

张謇与严复：清末民初改革派士人之异同

严复与梁启超辈分不同，而他与张謇（1853—1926）则是同辈，两人的年纪仅相差一岁。张、严是同属清末改革派阵营的重要人物，对推动议会政治、教育改革、科技救国、南北议和等有杰出的贡献，然双方的出身背景、成长过程与事业成就截然不同。张謇为江苏南通人，出自世代务农之家庭，科场得意、进士出身（光绪二十年一甲一名之状元，授六品翰林院修撰）；严复为福建侯官人，父祖为儒医，然家道中落，舍弃科举正途，进入洋务学堂，后留学英国皇家海军学院，成为第一代的留洋学生，返国之后他因缺乏科名，不受重用，曾四次参与科举考试，都不幸落榜，宣统年间才被赐以“文科进士”的头衔。

在政治上，两人分属不同派别。张謇受到翁同龢（1830—1904）的提拔，并进入南方张之洞的系统之中。中日甲午战争爆发，帝、后两党矛盾有所激化，以翁同龢为首的“清流”拥戴光绪帝，发主战议论，其主要抨击目标为力主议和的李鸿章。张謇曾因此出面弹劾李鸿章，《张季子九录》中留有1894年《呈翰林院掌院代奏劾大学士李鸿章疏》，主张“另简重臣，以战定和，固人心而申国势”。1895年，张謇为张之洞起草《条陈立国自强疏》，提出九条改革军政、经济、教育的全面构想。1896年初，张之洞奏派张謇、陆润庠、丁立瀛分别在通州、苏州、镇江设立商务局，张謇与陆润庠分别在南通和苏州创办了大生纱厂与苏纶纱厂，开始了他“状元实业家”的创业生涯，终其一生将南通建设成为中国现代化的先驱。

严复则自始至终在北方李鸿章的淮军集团之内。他从1879年自英国返国之后即一直从事海军教育。如上所述，在1890年代初期，严复因不受重用曾一度打算离开李鸿章阵营，投奔张之洞。可惜两人观念有所差异而未成，严复继续留在北洋水师学堂，前后共担任了20年的教席。甲午战后他转而从事翻译事业，译介西方新知，成为启蒙大师。因此在事业上，张謇的成就主要是“立功”，严复的贡献则着重“立言”。

张謇与严复年纪相当，同时活跃于晚清政坛，其渐进改革之理念也接近，并有不少共同的朋友（如吴汝纶、张元济、郑孝胥、汪康年、梁启超、金泽荣、袁世凯、沈瑜庆、严修等），然而有趣的是两人之间并无太多直接的交涉。其中最重要的原因应是出身的、地理的与派系的诸多因素。张謇身边的人物除了传统士绅与文人，多是留日派（如杨廷栋、雷奋、刘厚生等人），严复乃留学欧美的人物，对留日学生与受日本影响的“东学”均深感不满。其次，张謇主要结合浙江、上海地区的士人；严复则是所谓“闽党”，他最亲近的朋友是林纾、郑孝胥与“郭张陈沈”（郭春榆、张元奇、陈三立、沈瑜庆）等聚于京师的福建同乡，后来其中的多人组成“晋安耆年会”。最重要的则是张謇属于南方张之洞的系统，严复则是李鸿章与袁世凯所亲信的北派人物，两派长期处于相互斗争的紧张关系。梁启超在《李鸿章传》中说，“十年以来与李齐名者，则张之洞也……之洞于交涉事件，著著与鸿章为难……鸿章尝与人云：不图香涛作官数十年，仍是书生之见”，可见两派之冲突与歧异。

由于出身与派别的差异，张謇与严复几乎没有个人的情谊，在两人所留下的史料之中并无彼此之通信。两人初次见面应是义和团事件之后严复自天津避难上海，与容闳等人组织“中国国会”，筹划东南互保之时。国会为一民间组织，也得到官方之默许。其主导人物为康、梁，以及以汪康年、叶瀚（后加入张謇的“中国教育会”）为首之江浙派士人。严复虽为该会副会长，然并非核心分子，而是被归类为比较边缘的“义和团事件由京津避乱南来者”，张謇则似乎并未直接参与该组织，不过参加国会的江浙人士都与他有密切的关系。国会在政治主张上有“唐才常与汪康年之对立”，前者“痛恨后党，坚决勤王起事”，后者则是“徐图振兴中国之策，并依靠张之洞等督抚保障东南”。严复与张謇显然都支持后者，反对勤王。

据记载，1900年8月11日，张謇在上海与严复晤谈当前的局势，其目的应是结合张之洞与李鸿章的势力。两天之后，张謇又与严复的好友沈瑜庆赴张园会见与康梁关系颇好、曾支持戊戌变法的宋伯鲁与吴长庆之子吴保初，张謇希望他们能转达当时暂驻上海的李鸿章北上京师与列国代表谈判。由此可见张謇与严复、沈瑜庆等人的会面，并非私人见面，而是派系之间的联系。张謇返回南通之后，写信给刘坤一，此即《为拳乱致刘督部函》，表示希望刘能“公推合肥总统各路勤王之师，入卫两宫……合肥傥旦夕北上，公亦宜具安折，专差一道员随行”。后来李鸿章并未北上，然东南互保运动，保护了河北、山东以外的地区，使之避免于义和团与八国联军战乱的波及。张謇与严复在上海联络各方人马，促成了刘坤一、张之洞与李鸿章的合作，有其贡献。

1905年，严复、张謇又有共事的机会。他们两人与严复的好友熊季廉（名元锷，1900起为严复门人）均被马相伯聘为复旦公校校董。为了帮助该校建立校舍，由严复领衔，曾铸、汤寿潜、袁希涛、萨镇冰、熊希龄、张謇、狄葆贤等28人具名，发表《复旦公学集捐公启》，向社会各界募集办学资金。张謇在1905年2月17日的日记中写道，“徐汇故震旦学院请为董事，复支其学事，许之”，过了一个礼拜，在2月24日，他又写，“为震旦已散学徒筹款得万元”，这显示张謇对马相伯与严复的支持。这时也因为马相伯的关系，在上海的严复与张謇有较多接触的机会。1905年7月，当时上海抵制美国华工禁约，群情汹汹。马相伯邀请了张謇与严复两人共同“于初六日午后，前往西门务本女学堂，演说抵制美国公约之事”。马相伯寄了一封邀请信给严复，同时也将消息在《中外日报》上刊登。不过严复对抵制之事其实不以为然，因此他写信告诉熊季廉，希望他能“相机进言，谓复于初六下午四钟不能到会”。为了说明自己的立场，严复于8月16日在《中外日报》上发表《论抵制工约之事必宜通盘筹划》，批评过度激烈的抵制行动。

张謇与严复另外两次的见面在1911年，一是“中央教育会”开会，一是辛亥革命之后的南北议和。这两次的会面两人均属不同阵营，前者是官绅之别，后者是南北之异。

1911年6月，学部大臣唐景崇为求全国教育进步，仿照日本高等教育会议，于京师召开中央教育会，号召各省人士，商讨全国教育方针。根据章程，该会会长由学部派任。开始时锁定之会长人选有三人：一是当时担任学部名词馆总纂的严复，一是孟庆荣（学部右丞），一是戴展诚（学部参议），以上三人均为学部官员。后来或许是考虑到学部内部关系的平衡及社会舆论的看法，改由江苏教育总会会长张謇出任会长。当时即有人认为这是学部为了笼络士绅，希望士绅为其教育政策背书所致。此外张元济和直隶提学使傅增湘两人被指定为副会长。张謇因立宪等事与清政府屡屡冲突，望治之心渐淡，而改造之念渐强，被唐景崇“敦属为中央教育会会长，再辞不获，许以半月”。会议进行才过半，张謇即离京他去，而且即使在前半段他也曾屡次告假，傅增湘又较少露面，近四分之三的会期是由张元济来主持。与会的谭延闿表示：“早起赴中央教育会，张菊生主席，手腕明快过于季直。”（宣统三年闰六月初二，1911年7月27日）

严复虽与会长一职擦身而过，不过他仍是该会成员，而会场就在他所负责的学部名词馆召开。在开幕时，他初次见到江西教育会副会长熊育钖（纯如，熊元锷之堂兄），后来两人成为师友，频频通信，成为一段佳话。其后严复身体欠安，多次未能赴会。他在写给汪康年的信中表示：

> 中央教育会与贱恙相始，故至今未莅议场，放弃责任，与左右同出无可奈何。明日又是会期，当一与会，然亦仅能为旁听耳。近时人于此种会事，言论渐近翔实，靠事势发挥，此是好消息；而急进者犹或非之，甚矣，俗之难与周旋也！

1911年8月3日，严复在日记上记载参与中央教育会“议军国民教育”，几天之后他又与张謇、张元济、杨度联名发表“中国教育会章程草案”。总之，严复对中央教育会之参与十分有限，也没有太多机会与张謇等人磋商教育问题。不过根据陆费逵的观察，此次会议成绩不错，但可惜“朝野显分二派，时为无谓之竞争”，文中所谓“朝野两派”即张謇所属的地方士

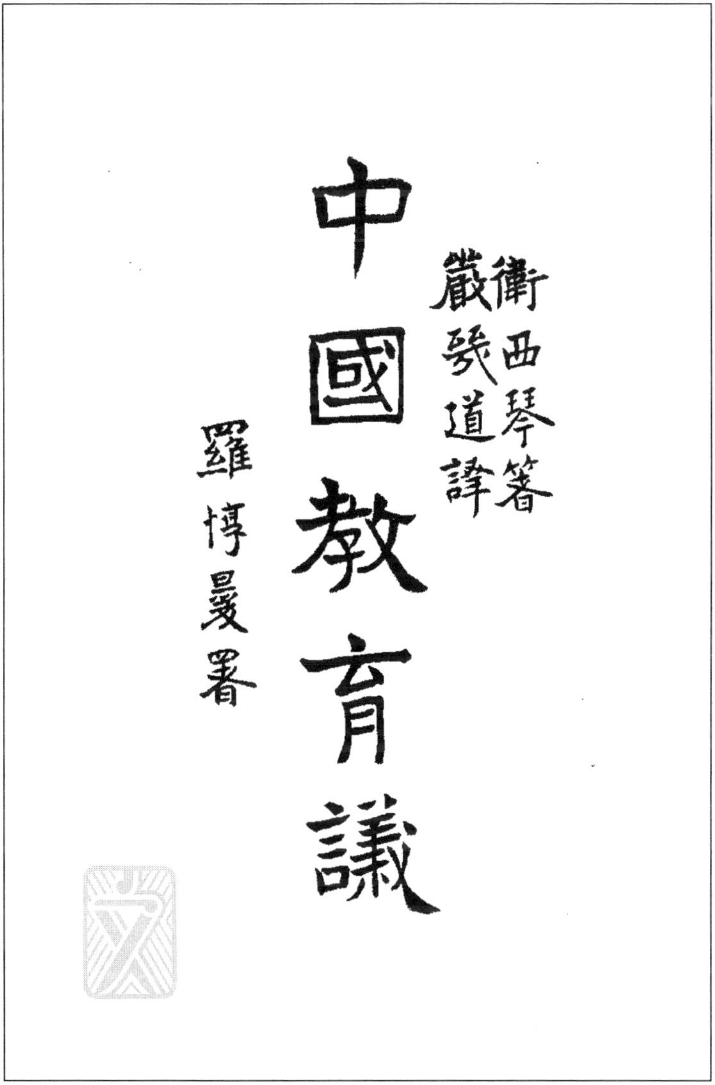

严复译《中国教育议》封面

绅与严复等人所代表的学部官员。

中央教育会召开之后不久，就爆发了辛亥革命。1911年12月18日，袁世凯派唐绍仪为全权代表，严复为各省代表之一（代表福建），南下上海议和。伍廷芳则是南方代表，不过幕后操盘手却是张謇、赵凤昌等人。张、严两人在会场再度相见。民国建立之后，严复受到袁世凯的重用，先出任北大校长，又出任约法会议的议员、参政院参政与宪法起草委员等职。直到洪宪帝制，因筹安会事件才黯然退出政治舞台。张謇则接受袁世凯之邀，担任实业总长，又在熊希龄组阁时任农商总长，希望透过北洋政府“建立统一民族市场、发展资本主义”，而此一梦想也随着袁世凯的败亡而破灭。

在清末，张謇与严复因分属不同政治势力，未能建立私人友谊。不过两人还是有一些共通之处，其中最重要的是他们对现实政权的肯定，以及对中国古典文化的尊崇与爱好。因为这一个特点，他们同样地主张“渐进的改革，在安定中求进步”，因而与当时激烈的革命党人在立场有所区隔。

其中两人均与韩国金泽荣建立深厚的友谊，可以说明中国古典文化在张謇与严复心中的地位。1883年张謇为吴长庆的幕僚，随军入朝鲜平乱，此时即结识了汉学家金泽荣。1904年因朝鲜政权彻底被日本控制，金泽荣流亡海外，赴中国投奔张謇。在张謇帮助之下，金于南通定居。1914年张謇出版诗集时，金泽荣曾为之作序，略述两人的交往：“泽荣东韩之窾民也……获交先生三十年之中，为邦运所迫，而来依于南通者十年矣。”他并说：读其诗“可知其为救世安民有德者之言，而不止为风雅正宗而已”。

金泽荣在寓居中国之时曾与许多中国文人成为好友，严复为其中之一。金泽荣在《自志》中说：“六十岁……去取书籍，以完吾史乎，遂行至上海，留候仁川直船，间至杭州观西湖，且交严复几道、郑孝胥苏龛，甚欢，二人皆名士也。”金、严两人之订交是在1909年春天。这一年他多次去严复寓所笔谈，并以随身所带的诗文手稿送呈严复阅读。严复在日记中写道，“韩人金泽荣沧江来，笔谈”，“阅金沧江手略及其诗文，诗有佳作，文未”，“作四律赠金沧江”。严复则以所译《原富》《名学浅说》二书相赠。金泽荣在给友人信中曾说，“中国有严几道进士推吾文佳处可肩比魏冰叔、侯朝宗”。金泽荣又于《寄严几道》诗中说：“一代真才惟汝在，古来知己与神通。春云万里沧溟路，怊怅那堪独向东。”他称严复为“一代真才”，视为知己，甚至表示不愿独自回朝鲜了。严复在《愈壄堂诗集》中则有七首（包括上述之四律）回赠给金泽荣，其中一首有“萍水论交地，艰难遇此才。异同空李杜，词赋逼邹枚”之语，诗作的交换与内容显示两人相互的欣赏。

张謇、严复分别与金泽荣论交不是一件偶然的事情，主要是源于三人对古典诗词、文字的共同兴趣与信心。事实上在民国初年有关尊孔、读经的问题之上，张、严两人态度前后有变化，并有些许出入，不过两人都肯定儒家伦理对促进社会道德的重要作用。1914年严复在中央教育会演说《读经当积极提倡》；同时翻译卫西琴（Alfred Westharp）的《中国教育议》（*Chinese Education: How East and West Meet*），肯定书中以孔子之道作为教育之基础的主张。1918年，张謇则在南通成立“尊孔会”，主张“小学校即宜加授四书，俾儿童时代，即知崇仰孔道”。1922年张謇写给柳诒徵的信亦显示，对《学衡》杂志中的文章，他觉得“其论新教育、论白话诗，乃无一非吾意所欲言”。在支持《学衡》而反对新文化运动之反传统主张，反对学生罢课、示威、发动学潮等方面，与严复完全一致。

两人不但在肯定传统上立场一致，对西方自由民主的看法也很相似。众所周知，严复在译介西方自由民主思想上扮演很重要的角色。张謇对自由的看法，包括“自由就是遵守秩序，而不是自便放任”“享受自由须以遵守法律为前提”“个人自由服从于国家自由”。他并引用西方学者的观点，“加尔来言‘不服从规则不能自由’，士遮夫言‘真自由，以法律整理’，博尔克言‘成自由，在秩序’，毕达哥来司言‘不能制己，不能自由’语皆精粹”，就很能反映上述的观点。有趣的是，这些观念与严复对自由的看法是完全一致的，难怪两人对“五四”之后风起云涌的学生运动采取相同的负面态度。

张謇与严复在晚清历史舞台上都是显赫一时的人物，他们因为出身与派别因素影响未能成为好友。张謇以事功见长，严复则以立言取胜，不过两人却同时将事业的焦点聚集在教育，严复从西学出发，走向肯定传统智慧，张謇从传统立足，接引西方新知，两人同样地揭示在中国走向现代的路途上，需要脚踏实地、平稳前进，以结合中西之长开创新局。

忘年之交吕碧城与何纫兰

严复一生接触到许多女子，其中最亲近的一位异性朋友无疑是他的学生吕碧城（1883—1943）；此外他妹妹的女儿何纫兰（其父何镜秋为严复在马尾船政学堂的同学，亦同时留学英国），因母亲早逝，从小在舅舅家长大，也深得严复的喜爱，两人常常通信。他告诉纫兰，“吾年日老，姊妹所出只汝一人，故于汝身更加怜爱，较之子女有过无逊”。

吕碧城生于1883年，比严复小近30岁。其父吕凤岐（1837—1895），光绪三年进士，累官至山西学政。吕碧城从小受到良好的教育，12岁丧父之后，至塘沽依舅父严朗轩。吕碧城十五六岁即才华出众，善书法、绘画，长于诗词。1903年赴天津求学，结识《大公报》创办人英华（字敛之，1866—1926），深受赏识，受聘为助理编辑，在天津名震一时。

严复在1900年结识英华，对1902年英华创《大公报》之举深表赞赏。1907年英华出版《也是集》一书，曾请严复作一序文。严复与吕碧城的认识，应该是透过英华的关系。至少从1906年开始，严复与吕碧城时常通信、见面。1907年10月1日，严复与明丽书中谈道，“此番到京，见过大公报馆英敛之夫妇并吕碧城小姐，与之攀谈甚久”。

严、吕两人最密切的来往是在1908年，吕碧城在天津随严复学习名学（逻辑），并促使严复把耶芳斯（William Stanley Jevons）的《名学浅说》(*Primer of Logic*，初译名为《名学启蒙》）一书译为中文。严复在该书序文中提到此事，“戊申孟秋，浪迹津沽，有女学生旌德吕氏谆求授以此学，因取耶芳斯浅说排日译示讲解，经两月成书”。严复并“为书‘明因读本’四字于课卷”，吕碧城因感激严复，遂以“明因”为字。

在严复的日记之中也很详细地记载他与吕碧城的来往，以及翻译《名学浅说》的进度。由此可见如果用黄遵宪“绛纱坐帐谈名理”的诗句来形容严复与吕碧城的交往，倒是颇为贴切。

除了翻译、讲解《名学浅说》，还有几件事情显示严复与吕碧城之间密切的关系。第一，严复很欣赏吕碧城，因而介绍甥女何纫兰和吕碧城相识，甚至代替甥女致书吕碧城。第二，吕碧城有意去美国游学，托严复向学部疏通，而严复因其“一字英文不识”，爱莫能助（后来她努力学习英文，1915年投资西商开办的贸易公司而迅速致富。1918年秋，她赴美国哥伦比亚大学留学）。第三，严复很关心吕碧城的婚事。1909年6月13日，严复在日记写道，“下午，吕碧城来视，谈极久。此儿不嫁，恐不寿也”。1909年秋天，严复在写给朱夫人的信中又透露，当时的驻日公使胡维德因断弦，有意要娶吕碧城，却遭婉拒。男女交往到关心对方婚事，可谓亲密。吕碧城后来皈依佛门，终身未嫁，活到61岁。第四，1908年严复曾与吕碧城以诗相应和。在严复的诗集之中有一首《秋花次吕女士韵》。这一首诗在严复的诗作之中，风格是比较特别的，严复的诗一般偏于写实，这一首则较绮丽，多用比兴。文中之“秋花”“海棠”“尤物”“佳人”“倾城春”应该都是指这一位芳龄25岁的吕碧城。在第一段的后半，严复大量使用屈原《九歌》《离骚》的句子，似乎是感叹无人赏识碧城，甚至有人多方毁谤她，使她到了25岁还找不到合适的婚姻对象。1908年严复写给何纫兰的一封信，谈到吕碧城的个性与交友状况，这一首诗之中的“绿章乞荫通高旻，剑南先生情最真”两句是用陆游（1125—1210）“绿章夜奏通明殿，乞借春阴护海棠”的典故，表达出严复对她的祝福、爱护，也刻画出两人之间的情谊。

严复与吕碧城之间固然为师生之情，然而从上文“早觅佳对”“立志不嫁以终其身”等语所隐含的言外之意，以及两人在思想上的亲近，似乎透露彼此均对另一方有爱慕之意。唯两人或许恪于师生礼法，未敢逾越。在他们的内心深处或许一直存在公、私、情、礼之交战。吕碧城终生未嫁或源于此。

严复与吕碧城的交往对两人的思想均有影响。从吕碧城的角度来看，一方面严复所译介的新观念对她有所启发，另一方面她在女子教育方面的努力也影响到严复对女性的看法。从前文所述可见，严复对妻妾的态度是非常传统的，他的所作所为与近代女权提倡者的要求几乎是背道而驰；然而对下一代的“新女性”，严复则有不同的期许，他虽反对婚姻自由，却提倡女子教育，这充分显示严复思想之中新旧交织的部分。

吕碧城在与严复交往之前便已投身女子教育的工作，1903年她开始筹设“北洋女子公学”，受到袁世凯（1859—1916）与英华等人的大力支持，该校于1904年10月开始招生。次年吕碧城任北洋女子公学校长。她在1904年于《东方杂志》所撰写的《论提倡女学之宗旨》，以及1906年《女子教育会章程》等文是近代提倡女子教育的重要文献。

在严复早期的文章之中，他并没有特别强调女权与女子教育等问题。在甲午战后所撰《原强修订稿》一文，他从“鼓民力”的角度反对缠足，强调“母健而后儿肥，培其先天而种乃进也”。这还是属于“国民之母”的想法。至于在“开明智”“新民德”两方面，严复完全没有谈到女子教育或男女平权的主张。其实早在1890年代初期，宋恕（1862—1910）、郑观应（1841—1923，一作1842—1922）等人便有兴女学之议，严复却不像他们那样注意到性别平等之议题。在1902年严复所写的《与〈外交报〉主人书》之中，严复对教育问题有非常深入的讨论，包括教科书、课程（如中西学之配合）、教法、师资、师范教育等，然而其中也没有谈到女子教育。这足以显示1902年以前，严复虽了解以教育来“愈愚”是最急迫之事，然并不特别关心性别的议题。

《严复集》收录了1898年《国闻报》上所发表的《论沪上兴办女学堂事》,《严复集》的编者认为该文很可能是出自严复的手笔。在一些史料集或专著之中也径自将该文列为严复的作品。但是此文应该不是严复的著作。从文章内容来看，其中虽有一些观点与严复相同，如禁缠足、女子分担家计等。然而有不少意见颇为激烈，与严复的主张不符。例如该文主张婚姻自由、反对蓄妾，又如主张妇女应出门。这些意见与严复的主张（和行为）并不相符。

其中尤其值得讨论的是婚姻自由一事，严复不但在1918年1月19日与熊育钖讨论此事时明白表示“鄙意欧美婚娶之俗，毫无可慕，即使与彼同俗，程度均平，亦非佳事”。在他所翻译的孟德斯鸠《法意》之中“娶妻必承父命”一节，他也在按语中表示同意此一观点，认为尤其是在中国普遍早婚的情况之下“自繇结婚，不待父母之命，庸有当乎，庸有当乎”。

严复虽在婚姻自由方面固守旧法，但是大约自1906年开始，他对女子教育则积极提倡。这方面则与吕碧城及甥女何纫兰都有关系。1906年严复任安庆高等学堂监督，何纫兰在上海就读一家教会所办的女子学校“中西女塾”(Mc Tyeire School),何纫兰对该校教育措施不满，因此严复常常拜访该校的校长连吉生女士（Miss Helen L. Richardson），何纫兰也屡次与严复讨论如何兴办一所更理想的“完全女学”。严复表示“发此宏愿，为女界出一臂之力”。1906年11月23日在一封以英文写给连吉生女士的信中，严复谈到他对女子教育的看法。这虽然不是一个公开发表的作品，但足以显示处理甥女的教育问题使严复注意到女子教育的议题。

严复与吕碧城认识之后，更进一步了解到女子教育的重要性。他介绍何、吕两人通信，也把吕碧城所撰写的《女子教育会章程》给何纫兰读。严复更为吕碧城的《女子教育会章程》作一序。文中特别赞扬吕碧城以女性的身份来提倡女子教育。

我们或许可以推测严复早期认为“男子之学尚未完备，而所谓女学，滋勿暇矣”，然而大约自1906开始，在何、吕两人的影响之下，他一方面亲自处理何纫兰的教育问题，另一方面也看到吕碧城展现过人的才学与提倡女学之热忱，因而积极地认识到女子教育的重要性。

严复与尚书祖庙

严复的故乡福州阳岐有一座尚书祖庙，祭祀南宋抗元名将陈文龙（1232—1277）。福州有好几座奉祀陈文龙的庙宇（如福州市台江万寿尚书庙、三保竹林尚书庙、三保龙潭尚书庙、洋洽新亭尚书庙等），因陈文龙被敕封为“水部尚书”，所以福州人通称这些庙宇为“尚书庙”。福州人对他的信仰和膜拜自明代以后盛行，陈文龙作为“水神”而被大批水上信众崇祀。

陈文龙，福建莆田人，初名子龙，度宗为之改名文龙，赐字君贲，字刚中，号如心。早年随父陈粢定居连江长乐（今阜山）。文龙幼颖悟，苦学不厌。宋淳祐十一年（1251），入乡学。宝祐四年（1256），入太学。咸淳四年（1268）戊辰科进士，龙飞射策第一。景炎元年（1276），元兵围攻兴化，在陈文龙的激励下，人人英勇奋战，终因寡不敌众而失守。陈文龙被俘后，于景炎二年（1277）绝食而死，年仅45岁。

陈文龙与抗元英雄文天祥都是南宋后期的状元、丞相，他们的出身、仕途、遭遇几乎相同，最后又同样为国殉职。林则徐在清道光三十年（1850）奉旨重修万寿“尚书庙”时题刻的石柱对联中赞颂陈文龙，“节镇守乡邦，纵景炎残局难支，一代忠贞垂史传；英灵昭海噬，与信国隆名并峙，十洲清晏仗神庥”，赞颂陈文龙和文天祥“隆名并峙”，同为“一代忠贞”。

阳岐的尚书庙年代最早，故称“祖庙”，其他的尚书庙则为其“分炉”。根据阳岐当地传说，陈文龙死后，血衣随狂风卷入西湖，后漂泊到乌龙江畔的阳岐村，阳岐村民拾到后断定是他的遗物，便修建衣冠冢纪念陈文龙。后来又在江边盖一小庙，奉祀妈祖与陈文龙，被称为“妈祖亭尚书古庙”。

明天启七年（1627）阳岐村民将此一小庙移至凤鸣山，建成稍大的尚书祖庙，此庙历经烽火灾厄，几度重修。民国初年之时，庙宇已残破不堪。严复返乡之时常去庙中祭拜。例如他在日记中写道：1918年12月17日“到尚书庙行香”；1919年1月13日“阳岐尚书公生日，到庙行香”。1919年初，他开始动用几乎所有的社会关系，募款重修：1月17日“为重修尚书庙作募捐启”；8月4日“与嘉井缄，与翰周缄”；8月14日“得嘉井复，云说一千元与翰周矣”，这可能是第一笔捐款。9月16日“与(严)嘉井缄，言尚书庙事”；9月22日，他又去信问三子，“得……前书，知翰周已开董事会，不识大家决议如何？事已定何日开工”。又经过三个多月的筹划，1920年元月开始重建尚书祖庙。

日记记载1月7日“阳岐尚书庙上梁”，随后更积极向各界募款，建立“祠庙基金”。接下来几天的日记应该都与募款之事有关：1月8日，“付伯勋交刘子英心组缘簿二册，38及39。付贞贤一册，388号，退回。付弢庵一册，399号”。1月8日，他同时写了一封信给陈宝琛：“弢老执事：……兹呈阳岐尚书庙募册一帜（已于十七日上梁，尚绌二万左右也），能否助我张目，成不朽事。”

这时严复积极从事募款活动，并建立祠庙基金。1月9日，“交捐册四本：394，395，396，397号与曾云沛（闽侯人，时任交通总长）。又一本与玉苍，393号”。1月15日，“与仪程书。又与李培之督军。又与翰周、又盘。几士来见”。11月27日，“被告知翰周已动用祠庙基金2500元”；12月8日“与陈芝田信，谈祠庙基金”。

其中1月8日写给柯鸿年（字贞贤，福建船政学堂毕业，曾任芦汉铁路公司参赞）的一封信，可见其苦心：

> 贞贤吾兄执事：启者，弟一病不自意痊，乃叨福庇，犹得视息人间，真幸免耳。兹有切恳者，阳岐尚书庙重修，经于昨日上梁，但需款尚巨，欲兄及同志者各结善缘，成此盛业，其有意乎？病后复书，不成字，死罪死罪！此颂尊安。

严氏后人严培庸很详细地记载了严复为尚书祖庙重修募款之事：

严复……亲自发起组织上岐、下岐、照屿、洋下、边湾等宗亲、士绅56人，建立董事会，发出募捐手册数百本，自己带头捐赠银元2000元（银元）、族侄严嘉井1000元，福建督军兼省长李厚基3000元。重修尚书庙。

她还从一对斑驳的石柱中考证出56位董事的名字：

重修尚书庙发起人董事会56人名单，是严复亲笔楷书，这对柱子被打断13段拼凑困难，打断地方有的没有姓，有名字差一两个字，损坏严重，幸亏热心人林厂长等人，二三年来多方寻找，有的从厕所边，墙基下费尽苦心，坚持不懈挖掘，耐心拼凑使这批文物重见天日。

这56人均为阳岐有名的乡绅，如陈氏、毛氏等地方家族，而严氏宗亲数量最多，也包括他的儿子、堂兄弟、子侄等：

此对石柱左边刻着：民国九年岁次庚申孟冬三月重建，发起人严复暨董事会严观海、陈天尧、陈翊廉、严传安、陈谦傚、郑旺黎、方祯祥、萧贺宸、严观澜、严传庆、严琚、严琥、游传朋……右柱刻着陈锡莩、陈锡琛、陈裕、镛、陈斯琛、声元、方学福、方学清、毛莘培、毛松官、毛忠岳、毛维炳……仝敬献。

有学者认为尚书祖庙的重修与社区权力格局的转变有关，而1920年代重修过程之中阳岐严氏族人的积极参与，显示祖庙在重修前后的这段历史与严氏家族的发迹紧密联系在一起。

1921年初，严复又回到福州。此时重修工程终于快要完工，他在1月29日写给长子的信中说："尚书庙工程，翰周自切嘱开帐后已不过问，难得铭官、朱孟文两人极力营干，现每日均有百余人作工，盼望明春可将正殿至前门修竣，则吾辈亦可暂告息肩矣。"7月3日，他与次女从福州赴阳岐，"往看尚书庙工程"，并顺便去看了自己的墓园。

重修之后的尚书庙不仅庙貌宏伟，焕然一新，由原来的土木结构变成了青砖灰瓦的琼宇，面积还扩大为3805平方米。祖庙建筑主体有三间四进，建有戏台、酒楼、钟鼓楼、天井、中亭、享殿等。神龛三座并列，中殿为"岐山上境"，供奉守土尊王；左殿为"忠肃祠"，供奉水部尚书陈文龙；右殿为"毓麟宫"，供奉陈文龙之母及临水陈太后（陈靖姑）。宫后为"凤鸣寺"与"观音阁"，奉祀如来三宝与观音菩萨。正门之上有"历代奉旨祀尚书祖庙"，字体苍劲雄伟，是出自严复之手。

大殿之内有十几对青石对联，都是名人所撰，包括严复、林则徐、陈宝琛、郑孝胥、严叔夏等。进门即可以看到严复手书的对联："入我门来，总须纳手扪心，细检生平黑籍；莫言神远，任汝穷奸极巧，难瞒头上青天。信士严复熏沐书敬。"第二幅是"十万家，饭美鱼香，惟神之赐；百余乡，风清魔伏，为民所依”。另一幅是：“依然麦浪松涛，漉酒重檐梓里貌；饶有黄焦丹荔，迎神长守故乡风。”帝师陈宝琛所写的对联是：“惟公节义文章，是宋季第一流，不负科题垂史册；为神聪明正直，愿海滨百万户，永消灾患奉馨香。”严叔夏的对联则是：“犄角风清如睹，神旗还往，千载永馨香，崇祀精灵，倘今日重来；西湖云黯心荡，国难倾亡，一死成大义，悉归成败，岂当时预谋。”

这些对联都是严复亲自拜托亲朋好友“拔刀相助”。例如戏台的对联是他请近代“同光体”闽派诗人王允皙（1867—1929）协助。王允皙，字又点，号碧栖，福建长乐人。光绪十一年（1885）举人，与何振岱、郑孝胥、沈瑜庆等齐名。1919年8月15日，严复写信向他求助：

> 又点吾兄足下：逾时不面，伏维兴居万福。兹有极恳者：敝乡阳岐有重修宋陈忠肃公祠堂之举，庙中需用楹联多副。除复自了一副外，余经分求弢公、春老暨海藏等分作。尚有戏台一联，此非足下殆莫之属。兹将底纸呈上，乞为撰书，能邀速藻尤感。

后来他要长子严璩亲自去取，取回之后严复又将对联加以增补，再请王允皙确认：

又点仁兄世大人执事：昨璩子由尊寓归述，大制戏台联句致佳，惟鄙见以为戏台联七字微嫌太短，颇欲佛头着粪，各增七字如下：傥未惬意，即便更改。更何分苍鹘参军，粉墨千场皆假面；莫但看乌纱牙笏，衣冠一代几完人？如可用，乞早加墨。此颂撰安。

上述陈宝琛的对联也是严复亲自请托：

弢庵太保执事：阳岐尚书庙正殿，有石柱二对，其圆者复已撰写寄归。尚有中间方者，欲求公撰书。忠肃面子想可必得。且须速藻。缘石工催取甚急也。

由此可见每一副对联都是严复精心邀约、增补才完成的。这一些名人对联也使尚书祖庙成为 座书法艺术的殿堂。

尚书祖庙的重建与严复对宗教鬼神的信仰有密切的关系，此一倾向在晚年变得更为强烈。庙宇建成之后，他不时前往祭拜、上香，甚至在庙中以扶乩方式求药治病。他在日记中写道，“琥（按：严复之子）将赴阳岐请丹”“服罗真人符三道”；严复还在得到药方之后，写了四首七言绝句上呈，题为《阳岐尚书祖庙扶乩，有罗真人者降，示余以丹药疗疾，赋呈四绝》：

> 老来悲闵意如何，访里维摩示疾多。多谢灵丹远相畀，与留衰鬓照恒河。多生绮业删难尽，每对神明起内惭。敢望刀圭分九转，他年插翼作苏耽。权利纷争事总非，乱来十见日周围。天公应惜炎黄尽，何日人间有六飞。天水亡来六百年，精灵犹得接前贤。而今庙貌重新了，帐里英风总肃然。

其中“多谢灵丹远相畀，与留衰鬓照恒河”表示感谢神灵赐药治病。在日记之中，也可以看到许多他以《易经》卜卦来算命的记载，他也为他人占卜，并在日记之中录下释词。严复的扶乩与卜卦和他的宗教思想相关，对他而言，扶乩与卜卦都是能够帮助人们进入“不可思议”之境界的管道。这一座尚书祖庙及严复的宗教活动也反映出启蒙大师晚年较不为人知的一面。庙宇修建完工于春天，几个月之后，1921年10月27日，严复在福州郎官巷住宅与世长辞。

严复的阅读世界

清末民初，严复在中西学皆为我国第一流人物。梁启超说“西洋留学生与本国思想发生关系者，复其首也”，胡适则说“严复是介绍西洋近世思想的第一人”。严复曾在书房中挂了一副对联，“随时纵论古今事，尽日放怀天地间”，可见其气魄。然而令人好奇的是严复除了他所翻译的典籍，他还阅读了哪些书籍？又如何来纵论古今？

严复的求学过程与当时多数中国人不同，他从西学入手，再返归中学。当其他士大夫正忙于科举考试时，他进入船政学堂，开始学习英文，并赴英国留学，前后计两年多（1877—1879），系统地接触西学。他谦虚地说：“仆于西学，特为于众人不为之时，而以是窃一日之长耳。”返国之后他并没有与西方学术前沿脱节，反而能立即掌握最新的信息。严复对西学的价值深有体认，他同意梁启超所说“处今世而不通西文者谓之不及人格”。在任职水师学堂时，他觉悟到只有“多看西书……是真实事业”：

> 我近来因不与外事，得有时日多看西书，觉世间惟有此种是真实事业，必通之而后有以知天地之所以位、万物之所以化育，而治国明民之道，皆舍之莫由。

他也了解到研究西学需要通西文，再循序渐进，一旦全面掌握就可以有各种用处。他认为西学比起中国的学问（喻为“糟粕”）要强多了：

> 但西人笃实，不尚夸张，而中国人非深通其文字者，又欲知无由，所以莫复尚之也。且其学绝驯实，不可顿悟，必层累阶级，而后有以通其微。及其既通，则八面受敌，无施不可。以中国之糟粕方之，虽其间偶有所明，而散总之异、纯杂之分，真伪之判，真不可同日而语也。

严复于1879年返国之后，透过像位于上海黄浦滩的“别发书坊”（Kelly and Walsh Limited, Shanghai）等书店，购买了不少西书。别发书坊即别发洋行，由书商 Kelly & Co. 和印刷公司 F. & C. Walsh Co. 在1876年合并而来。其中 Kelly & Co. 是 John M. Kelly 于1868年在上海广东路创立，以售卖西洋书籍、文具、报纸、烟草、彩票等为业；F. & C. Walsh & Co. 是1862年 Frederick George Walsh 和 Charles Frederick Walsh 两兄弟在上海福州路创办，主要经营印刷及售卖外国文具。别发书坊先后在日本长崎、神户、横滨，中国香港、汉口，新加坡等地设立分支机构，1899年左右还在伦敦有了代理。此一书局不但贩卖最新的西文书刊、杂志，还出版了许多书。如《北京美观》(*The Pageant of Peking*)、《今日之上海》(*Shanghai of Today*)等精美的画册。还在汉学传播上做了很重要的贡献，如汉学家翟理斯(Herbert A. Giles)介绍中国古典文学的《中国文学选珍》(*Gems of Chinese Literature: Prose, Gems of Chinese Literature: Verse*)、《聊斋志异选》(*Strange Stories from a Chinese Studio*)等。透过这一间书店，严复得以接触许多西学新知。

例如，1880—1881年他曾阅读斯宾塞的著作。1891年宓克的著作《中英交涉录》(*English Men in China*)出版，他写给张元济的信中提到此书"别发有卖，烦属小儿买一部，交周传谦寄来，或自带来"。1892年4月他在天津又购买了亚当·斯密《原富》的原版《国富论》(*Inquiry into the Nature and Causes of the Wealth of the Nations*)，这是1880年由罗杰斯(E. Thorold Rogers)所编辑出版的第2版。此书现藏上海华东师范大学古籍室，上面留有严复翻译时留下的许多记录。赫胥黎的 *Evolution and Ethics* 在1893年出版；赫胥黎的文集第9册(其中有 *Evolution and Ethics*)则是在1894年8月底问世。严复可能在1895年至1896年之际就买到这本书，并开始翻译，现存书信最早提到《天演论》翻译的时间是1896年10月，严复说"以其简约，姑为通译"，可见他取得西书之迅速。

严复强调学英文要通文法，而且要会用英文字典。他曾编辑一部被称为《英文汉诂》的英文文法书。此外他建议要多用《韦氏大字典》与《标准英文字典》，这要比用英华字典来得好：

> ……诵读固未为无益，然须为师者多方发譬，庶一篇获一篇之益。其要义尤在教学生之乃能用西文大字典，如 Webster's 之类。学生能用西文字典，后此当闭户自精，用古人不放一字过之法，便当日有进境。但用华字训译者，毕世无所长进也。上海别发有一种名 *Standard Dictionary*，系美国之作，甚佳，须价十余元也。

他的个人藏书可能多达数千册（他说“数千卷中西书籍”），其中现存于世的还包括一套美国 The Colonial Press 出版的 *The World's Great Classics*（《世界经典名著》，共40册），现藏南京大学图书馆，严复在其中的 Immanuel Kant（康德）的 *Critique of Pure Reason*（《纯粹理性批判》）上留下许多批注。再者，他有一些有关西方保守主义政治思想的书籍，如现存北京图书馆的 John Morley 所著 *Burke*（London: Macmillan and Co., 1897）一书，其上注明为1902年7月所购。无论是康德还是柏克都是西方思想的精髓，当时举国之中能有这样学术视野的人可谓绝无仅有。

严复一生都维持英文阅读的习惯。他所翻译的西书都是一时之选，他夸下海口说，其中有几本除了他没有其他人有能力翻译："弟于此事，实有可以自信之处。且彼中尽有数部要书，非仆为之，可决三十年中无人为此者；纵令勉强而为，亦未必能得其精义也。"他平日也以看外文报纸为主，偶尔看中文报："复向于报章，舍英文报外，不甚寓目，北京诸报，实无一佳，必不得已，《亚细亚报》或稍胜也。"

在读书方法上他建议要持之以恒，"日日行，不怕千万里。得见有恒，则七级浮屠，终有合尖之日"，"学问之道，水到渠成，但不间断，时至自现"。同时，在三十岁之前要奠定良好基础，他以个人的亲身经验为例来做说明，"四十以后，虽做亦无用，因人事日烦，记忆力渐减。吾五十以还，看书亦复不少，然今日脑中，岂有几微存在？其存在者，依然是少壮所治之书"。1915年他写信给熊纯如，谈到他教导儿子学习中西学的方式。在西学方面要学习西文、阅读西书，不用译本，然后送出国读书，至少要八年才能学成：

> 复教子弟，以现时学校之难信，故宁在家延师先治中学，至十四五而后，放手专治西文，一切新学皆用西书，不假译本，而后相时度力，送其出洋，大抵八年而后卒业，至于所治何科，所执何业，亦就少年性质之所近而喜好者，无所专尚也。

他又说："既治西学，自必用西文西语，而后得其真。"他尤其觉得当时大家喜欢阅读自日文转译的西书（所谓“东学”），质量甚差，已隔了好几手，应直接读原文：

> 大抵翻译之事，从其原文本书下手者，已隔一尘，若数转为译，则源远益分，未必不害，故不敢也。颇怪近世人争趋东学，往往入者主之，则以谓实胜西学。通商大埠广告所列，大抵皆从东文来。夫以华人而从东文求西学，谓之慰情胜无，犹有说也；至谓胜其原本之睹，此何异睹西子于图画，而以为美于真形者乎？俗说之悖常如此矣！

至于要了解西方文化的根本，能够登峰造极，则需学习希腊文与拉丁文。他在写给梁任公的信中说：

> 承示，从马兄眉叔习拉丁诺文（往者圣祖仁皇帝曾从西士学之，其名如此作），甚感甚感！此文及希腊文，乃西洋文学根本，犹之中国雅学，学西文而不与此，犹导河未至星宿，难语登峰造极之事。

严复对西学有系统性的了解，他在1898年于通艺学堂的演说《西学门径功用》，很系统地谈到做学问要能“练心积智”，能够“练心精、积智多”才能成为一个学者。他也谈到科学方法与学科分类，前者包括归纳、演绎与实验；后者则依照性质的不同有“玄学”(逻辑、数学)、“玄著学”(如力学、化学)、“著学”(如天文、地理、动植物、生理学、心理学、农学、机械、社会科学等)。

在近代中国，严复是少数兼通自然科学与社会、人文学科的学者。他在1907年《代提学使陈拟出洋考试布告》之中列了一张留学考试的书目，最能显示他文理兼重的观点。首先他发现参加留学考试的学生对考试内容的掌握不足：

> 临考之时，虽所出各科题目悉在诸生应习应能之列，而分数未能及格者为数尚多。或所习偏重长短不齐，坐此未能入彀，殊堪惋惜。即勉强选送，而到美之后，所短各科尚须另行豫备，旅居旷日，不无窒碍。

因此严复拟定了一个准备留学考试书单，供学生参考：

> 嗣后资遣及格学生前往欧美肄业，但使经费可筹，尚拟蝉联续办等语。为此，今将日后听候考送出洋学生应习何科何书，并应及何等程度，及早先行开列宣布如左，庶使预备游学诸生得此可以分科用功，不至缓其所急。而届时报名候考，其学科程度相差尚远者，亦毋庸往返徒劳。

从这一份书单可见他很强调英文文法、修辞，以及阅读英国文学的重要典籍，例如：古勒斯密《六合国民》(*Citizen of the World*)、蓝察理《论说》(*Charles Lamb's Essays*)、伊尔温《旅行记》(*Tales of a Traveler*)、《鲁滨孙漂流记》(*Robinson Crusoe*)，以及莎士比亚的戏剧，如《鄂得洛》(*Othello*)、《罕谟勒》(*Hamlet*)、《西泽》(*Julius Caesar*)等。此外还要读希腊史、罗马史、近世史、地理、算数、代数、几何、物理、化学、动植物学、生理学等。而且每一门学科都列有原文的参考书目。从此份考试书单可以了解严复对西学的掌握。

严复不但强调文理兼通，而且主张中西并重。在上述的书单之中还要考"国文"，"其未习国文或程度太低者，虽西学及格，例不由官资遣"，国文的参考书目是"四子五经、前四史马班范陈、古文辞类纂"。严复很重视读史书，他建议他的儿子，要从"前四史"开始读，而且其顺序是"由陈而范，由班而马，此顾虎头(顾恺之)所谓倒啖甘蔗也"。

《古文辞类纂》，成于乾隆四十四年(1779)，是清代桐城派大师姚鼐所编选代表"桐城派"古文观点的一部选本。姚鼐兼重义理、文章、考证，必同时合于此三者之文乃得选入。全书共74卷，卷首《序目》略述各类文体的特点和源流，从先秦屈原、宋玉至清代方苞、刘大櫆，精选六十四位作家的作品约七百篇，分为辩论、序跋、奏议、书说、赠序、诏令、传状、碑志、杂记、箴铭、颂赞、辞赋、哀祭十三种文类。《古文辞类纂》被誉为"文章正宗""阅此便知为文之门径"，广受各文学大家所重视，并推荐为“人人必读之书”。曾国藩说此书是“不刊之典”。除了姚鼐的选本，严复还推荐刘大櫆、吴汝纶的古文读本。

严复一生藏书非常丰富，身后大多散佚，留存至今的罕见。其中有一批古籍藏书曾寄存于上海商务印书馆，后几经波折，最终归华东师大图书馆保藏。2017年，上海人民出版社、上海书店出版社和华东师大图书馆合作，将一批从未面世的严复批校本影印出版。这次影印出版的严复批校本珍贵古籍共十一种，包括《周易》十卷、《世说新语》三卷、《述学》六卷、《原富论》存二卷、《杜工部集》二十卷、《昌黎先生集》五十六卷、《陆放翁全集》一百五十七卷、《才调集补注》十卷、《佩文诗韵》五卷、《重订昭明文选》、《全唐诗》九百卷。这些古籍都有严复的亲手批注，是严复毕生喜爱阅读的书籍。这显示他放怀天地、纵论古今的恢宏格局是从广泛的阅读而来。

第二部分　以翻译开启民智

甲午海战的冲击与“海权”观念之译介

1894—1895年的甲午战争是近代中国历史的一个转折点，改变了东亚的国际局势。此次战争中国不幸战败，签订了《马关条约》，被迫割地赔款；此后日本占据台湾、澎湖，接着又统治朝鲜半岛（统治时间为1910—1945），势力延伸拓展。就东亚局势来说，甲午战败给中国带来的最直接的冲击是中日两国国势之逆转，传统以中国为中心的东亚秩序、宗藩关系开始崩坏，此后日本跃居东亚首强，乃至推行“大陆政策”、发动侵华战争。日本虽然在第二次世界大战失败，战后却致力发展经济，成为东亚强国，号称“日本第一”。

甲午战败使国人深自反省。在观念上，以往只重视“塞防”，19世纪下半叶后逐渐有“海防”观念的出现与海军的建置，李鸿章所负责的北洋海军是此一意念的产物，而严复是北洋海军的重要成员，职司海军教育之最高阶。然而北洋舰队却在海战之中遭到惨败。为反省此一失败而有“海权”思想的萌芽。严复是最早译介美国马汉（Alfred Thayer Mahan，1840—1914）海权思想的人，促成从海防到海权观念之转型。

严复出身福州船政学堂，留学英国皇家海军学院，当时主管天津的北洋水师学堂。他以一位杰出的海军专家而负海军教育之重责。他对海军的重要性深有体认，“吾国海线七千里，非海军岂足图存，他日国权伸张，自必有强盛海军为之防卫”。甲午战争之中严复多位同窗与学生丧命疆场，这对他造成莫大的心理冲击。在甲午战争期间严复写了一封信给长子严璩，一方面感叹“时势岌岌，不堪措想。奉天省城与旅顺口皆将旦夕陷倭，陆军见敌即溃，经战即败”，另一方面他分析战争失败的原因是不了解西方科技的进步，“大家不知当年打长毛、捻匪诸公系以贼法子平贼，无论不足以当西洋节制之师，即东洋得其遗绪，业已欺我有余”。严复领悟到中国的失败不只是军事的落后，而有更深一层的政治、经济、社会，以及思想方面的因素，因此必须要师法西方，才能突破困境。因此他说“民智不开，则守旧、维新两无一可”，而根本之计唯有通晓西方的学问，才能“治国明民”，达到“天地位焉，万物育焉”。他又说：“中国不治之疾尚是在学问上，民智既下，所以不足自立于物竞之际。”

他在战后深有感触，“觉一时胸中有物，格格欲吐”，他发表了四篇影响深远的文章，分别是《论世变之亟》《原强》《辟韩》《救亡决论》，各文均环绕着中西文化的对比，并探讨中国积弱之缘由。文中他批评中国的专制、八股取士、鸦片与缠足等恶习，提倡三项要政：“一曰鼓民力，二曰开民智，三曰新民德”（后来梁启超的新民观念与鲁迅的“改造国民性”想法均源于此）。

其中《辟韩》一文尤其显示严复认为中国的病根在君主专制。此文针对韩愈《原道》一文而作。韩愈在《原道》中论述了君统治民的合法性。严复则严厉批驳了韩愈的观点，指出“秦以来之君，正所谓大盗窃国者”；专制政策是造成国家贫弱、无力抵御外敌的根本原因。值得注意的是严复藏书之中有一套56卷的《昌黎先生集》，为1869年江苏书局之刻本，严复在上面有许多批注。他很欣赏韩愈的文字，常在阅读时“玩其著笔出入处”，同时也体会到“但为事实，写得生气极足。不下一评语。绝高”，“著此段最有远致，而即为篇中警策处，惟能手始办此”。

严复一方面批判韩愈的专制主张，另一方面则提倡君主立宪，同时积极地从事开民智之中的一项重要工作，亦即翻译西书。严复所译介西书中影响最大的是甲午战后（1896—1898）所翻译《天演论》。此外，一般较不为人知的是，严复是我国最早接触与传播马汉“海权论”的学者。马汉在1890年出版的《海权对历史的影响》（*The Influence of Sea Power upon History*，简称《海权论》）一书中，强调海权决定着一个国家的国运兴衰。在甲午战败的刺激之下，严复从1890年代末期至1900年初期开始译介马汉在《海权对历史的影响》中所提出“海权”的观念。他除了通过翻译亚当·斯密的《原富》、孟德斯鸠的《法意》介绍与阐发马汉的海权理论，还借代北洋大臣杨士襄拟筹办海军奏稿（1908）之机会，阐述有关海权的主张（此文甚获好评，严复说“昨为杨帅做得一篇奏请兴办海军折稿六七千言，大家佩服无地。我现在真如小叫天”）。对严复来说，以海权为中心的国防才能突破洋务、擘画国务、利国利民。他说：

> 往读美人马翰［即马汉］所著《海权论》诸书，其言海权，所关于国之盛衰强弱者至重。古今未有能奋海权而其国不强大者。

> 向使高瞻远瞩，早建海权，国振远驭之良策，民收航海之利资，交通既恢，智力自长；则东北讫于百龄海角暨斐猎宾、婆罗洲、苏门答腊、新加坡，西南之远印度、马来亚，诸岛棋布星罗，百岛千屿，有不尽为中国之外藩，属神州之拱卫，而乃令强敌处邻，日忧窥伺，此诚理势之所必不然者也！

透过这些译介，严复强调：一、海权涉及政治与经济两个面向，关系到国家的贫富强弱和国际地位高下；二、不缔造海权，陆权也只能随之丧失；三、中国应在日本海、渤海、黄海、东海和南中国海等海域建立制海权，规划海军，实行海上交通控制，拒敌于海洋国土之外。严复之想法体现了由传统消极的“海防”向近代积极“海权”的转变，并将海权上升到整体国家战略的层次，此一想法正是针对甲午战败的深入反思。

严复的海权思想也牵涉他对国际秩序、帝国主义、殖民主义等议题的看法。对他来说，伸张海权之主旨在自卫而非侵略。1897年严复撰写《驳英〈太晤士报〉论德据胶澳事》(发表于1897年11月24日，《国闻报》)一文，该文是为了反驳英国《太晤士报》1897年11月16日的一篇评论文字而作。英国人的文章支持德国人以武力方式与中国交涉，“并愿英之举动与此相类”。严复对德、英两国“置一切公道于不顾，忽发野蛮之心思，露生番之面目，利之所在，虽大不义而亦蹈之”，深表不满。严复认为“开化之国”处理国际事务，应秉持“必其有权而不以侮人，有力而不以夺人”的原则，方称得上是一个符合文明标准的泱泱大国：

> 夫所谓开化之民，开化之国，必其有权而不以侮人，有力而不以夺人。一事之至，准乎人情，揆乎天理，审量而后出。凡横逆之事，不欲人之加诸我也，吾亦毋以施于人。此道也，何道也？人与人以此相待，谓之公理；国与国以此相交，谓之公法；其议论人国之事，持此以判曲直、别是非，谓之公论。凡地球进化之国之民，其自待待人，大率由此道也。

严复认为“不欲人之加诸我也，吾亦毋以施于人”的原则不但适合人与人的相处，也适合国与国之交涉。他所翻译的《群己权界论》与《海权论》均适用此一原则。

总之，海权思想是他的整个思想体系的一环。他认为在“天演”过程之中，人为的努力可以对抗“物竞天择，适者生存”的自然法则，但人类社会与依据“丛林法则”的自然状态有所不同，人为努力的目的不在强化竞争，而是依赖伦理原则来达到“以物不竞为的”。严复在基本价值观上强调群己权界，主张“群己并重”“舍己为群”的精神价值，以及“人得自由，而以他人之自由为界”。在国内政治上，坚持以调适渐进的方式，建立一个融合中国传统价值，并肯定自由民主与资本主义之体制；在国际关系上，严复反对殖民主义，提出尊重“公理”“公法”“公论”之原则，亦即“有权而不以侮人，有力而不以夺人”。严复从海权观点的译介出发，建构了一个以伦理、正义观念为中心的启蒙蓝图。

信达雅的挑战

严复一生最重要的贡献是在甲午战后开始从事的翻译工作。翻译是为沟通上的方便，将一种文字转变成另一种文字，钱锺书将这过程说得最传神，他说这是“化”。“化”字用得极妙，也就是将不同文化里所创造出的东西，通过一种非常精巧的方式，变化成其母国的读者所能了解的内容。翻译就是“化”，翻译功夫的高下在于“化”得好不好。基于这想法产生所谓“原著中心论”，也是翻译研究里最普遍的处理方式，根据此一原则翻译的好坏取决于是否忠于原著，越忠实于原著就越好，忠实度越少就越差。不过钱锺书也了解到翻译有直译，也有意译，而后者不一定比前者更不忠实。例如英文中有一句惯用语是 Drink like a fish，字面上是“像鱼一样喝水”，其实就是“喝多了”的意思，如翻译为“牛饮”就很传神。

那么以原著为中心对翻译标准的认定是什么呢？严复在译《天演论》时提出的“信达雅”三个字，堪称最高翻译原则。

在《天演论》的例言中他说：

> 译事三难：信、达、雅。求其信已大难矣。顾信矣不达，虽译犹不译也，则达尚焉……今是书所言本五十年来西人新得之学，又为作者晚出之书，译文取明深义，故词句之间时有所颠倒附益，不斤斤于字比句次，而意义则不倍本文。题曰达旨，不云笔译，取便发挥，实非正法……凡此经营，皆以为达；为达即所以为信也……信达而外，求其尔雅。此不仅期以行远已耳，实则精理微言，用汉以前字法句法则为达易，用近世利俗文字则求达难，往往抑义就词，毫厘千里。审择于斯二者之间，夫固有所不得已也。

这是他对翻译工作的基本看法，后来成为翻译界的金科玉律。“信”就是精确，翻译一定要翻得很准确，不能将白的变成黑的或灰的；“达”就是能将意思传递到读者身上，通过作者“化”的过程，将外国的思想、观念传送到读者的思想中。“信”跟“达”是不同的概念，两者可以兼顾，但也可能有相当多内在的矛盾，也就是说有的时候翻译作品能够“信”，但是不一定能“达”。例如，很多翻译的书看起来好像很准确，意思却都不易看懂，读完以后往往让读者不知所云，这就是“信”而不“达”，直译的作品常会有此一缺陷（鲁迅的翻译作品多用直译）。第三个标准是“雅”，亦即用典雅的文字从事翻译工作。

不过，这也受到质疑。若原文俗鄙要如何翻译成典雅？原文是很俚俗的文字，就须粗陋，才算是准确的翻译，这时“信”就可能比“雅”来得重要。信达雅三原则虽受到许多争论，不过近代以来的翻译理论，基本上都追求信达雅的原则，讲求忠于原著。

严复曾到英国留学，能阅读英文，而将英文的经典名著翻译成非常典雅的桐城派古文。在翻译的过程，他也引介、创造了相当多的词语。严复在近代思想家之中，是一位既宽广、又具有深度的学者。很多人指出他是一位“感觉敏锐”的科学、民主启蒙的先驱者。他所翻译的各种西方经典如《天演论》《群己权界论》《原富》《法意》《穆勒名学》等书，在近代中国发挥了很大的影响力。

不过谈到严复思想究竟影响力有多大时，首先要注意严复的历史角色有一个悖论之处，亦即他的思想面影响大（尤其是《天演论》中的进化观念），而他所用的文字（桐城古文）与所创造的词语，在20世纪初期之后却被胡适、陈独秀所主张的白话文，以及上述梁启超等人，尤其大量留日学生所引进的“和制汉语”彻底打败。

如果严译语汇难以存活，那么严复在思想方面的影响就的确值得再作斟酌。在八种最风行的严译之中，真正有影响力的可能只有《天演论》。然而诚如贺麟所论，人们对《天演论》的理解，局限在“物竞天择”“适者生存”的救亡感，而不是在生物学与哲学的学理面向。

除了社会演化论，严复所翻译的其他书籍大致可以分为三个部分：逻辑学、资本主义的经济学说与自由主义的政治学说。以逻辑学来说，严复的译作最难为人所了解。包天笑的回忆录有很精彩的一段，记载1905年《穆勒名学》刚出版，严复应金粟斋之邀在上海演讲名学，“使得大家明白一点”。当时一班名流都来了，包括张元济、郑孝胥，也邀请了常来的马君武、林白水、章士钊、章太炎等人。根据包天笑记述“他的讲词中，常常夹杂了英文，不懂英文的人，便有些不大明白。但这种学问，到底是属于深奥的学问，尽有许多人，即使听了也莫名其妙”。在严复逻辑学翻译语之中，除了“逻辑”一词因为章士钊的大力推荐仍然存在，其他的译语如：珠联（三段论法）、内籀（归纳）、外籀（演绎）、词（命题）、玄名（抽象名词）、察名（具体名词）全为日译名所取代。

在经济学方面，根据赖建诚《亚当斯密斯与严复》和吴建林的《论严复于〈原富〉内经济类名词之翻译手法及其所译名词之消亡》（辅仁大学翻译学研究所，2004），严复的“计学”“版克”不敌日译的“经济”“银行”，这是大家所熟知的。再者，他援引古典词汇、喜用单音译词字，如以“阄博”翻译lottery（彩票），“联”来翻译corporation（合作），“货”来翻译commodity（货物）。此外，严复所用的大量音译词也被淘汰。其中一个原因或许是严复在音译时刻意引用佛典而产生距离感，如他将 Royal Bank 翻译为“赖耶版克”，自注“赖耶，本梵语，译言王家”。赖耶源自“阿赖耶”，为梵语 alayavijnana（藏识）。其他的音译语如“赖摩”（Lima，秘鲁首都）、“毗勒”（bill）、“须弥”（Himalayas）等都有佛教语汇的意味。同时有些意译语也有佛教、庄子的痕迹，如 free trade 译为“无遮通商”、fixed capital 译为“常住母财”，South Sea Company 译为“南溟有限公司”。

在自由主义方面拙著《自由的所以然》一书曾讨论：严复不同意日本人将 rights 译为“权利”，他认为这是“以霸译王”（无论“权宜”或“权谋”都具有负面的意义），将西方一个具有正面意义的词翻译为一个带有负面意义的词，因此另行译为“职”或“直”，如“天直”“民直”，因为他觉得 rights 在西文中也有直线、直角之意（right line 与 right angle），而中文的“直”也有“职”的意思，两者相互配合。再者，在翻译与 rights 相关的词语时，他并不重复使用单一的词语来翻译这个字，而常常依据上下文来做调整。例如他将 rights and interests 合并翻译为“权利”，他有时又将 interests 翻译为“权利”，他也把 constituted rights 翻译为“权利”。根据笔者的考察，当弥尔所称的 rights 是源于自然或不可让渡之意时，严复倾向将它翻译为“天直”“民直”；然而当 rights 与 interest 合用，而具有个人利益之意涵时，他则采用“权利”。众所周知，“民直”一词不敌“权利”，已被淘汰。

严复的失败有一个过程，大致上是从1901—1911的十年之间所形成的。在1903年出版的《新尔雅》中其实仍包容了大量的严译名词。如在“释名”一节，编者即同时罗列严复译语与和制汉语。然而到了1911年上海国学扶轮社出版《普通百科新大辞典》时，情况却有所改变。这一套书由黄人主编、严复为之作序，共15册，全书“一百数十万言”，收集词条11 865条，据统计其中仅5500条属于社会科学方面，其他部分则为科学与技术方面的词语，全书依照笔画排列，并附分科索引。

不少学者都指出《普通百科新大辞典》所收录新知识用语主要采取日本新名词，并刊载大量日本所翻译的地名和人名，这主要是因为编者所依赖的参考书籍大多数是日文书与日译本。这一个观察是正确的。那么在这一套由严复作序的辞典中，严复的译语究竟保留了多少？根据笔者的考察，编者绝大部分都采取日译词汇，而放弃严译。例如书中收录了“神经”“星云”“单位”“权利”“银行”“望远镜”“社会学”“人类学”“进化论”“有机体”等。“神经”之下附了早期的译语“脑气筋”，却没有严译之“涅伏”。不过也有一些词语附了严复译语，例如在“三段论法”之下附了“珠联”，在“人为淘汰”之下附了“择种留良”，“论理学”之下附了“名学”，“经济学”之下附了“计学”。在书中所收录的一万多词条中，严复译语被采取作为主条目者仅有：“天择物竞”、“适者生存”、“内籀”（后附“归纳”）与“外籀”（后附“演绎”）。不过上述四个严译条目中，“内籀”与“外籀”最后还是被日译所取代，这样一来《天演论》的“天择物竞”“适者生存”是仅存的词条。

严复译词为何失败？这些原因可以被归纳为以下数点：清末以来译自日本的书刊数量太多，约定俗成之后，即难以抗拒；严译“太务渊雅，刻意模仿先秦文体”，所以不易为人理解，而在“五四”白话文运动后很难受到人们的欢迎；严复翻译好用单音词（如计学、群学、心学），不敌“复合词”（如经济、社会、心理）在意义传递上的丰富性；严复喜用音译；严复所负责译名统一工作（他担任学部之下的“编订名词馆”总纂一职）迟迟无法有效推行等。

民国初年之后日译名词取得了绝对的胜利。今日少有华人会意识到“团体”“组织”“膨胀”“舞台”“代表”等词是从日文来的。《荀子·正名篇》曾说：“名无固宜，约之以命，约定俗成谓之宜，异于约则谓之不宜。名无固实，约之以命实，约定俗成，谓之实名。名有固善，径易而不拂，谓之善名。”上文中所谓“约定俗成”大致上可以解释日译的成功。这尤其表现在这些新名词随着新知识的传播，大量出现在大众传播媒体（各种报刊）、翻译书籍、教科书、百科辞典等出版品之中，这些新名词发挥了铺天盖地的影响力。相对来说，严复的翻译作品只占了出版市场之中很小的一块，只好败下阵来。不过，我们也不能忽略荀子还有“名有固善”的观点。对他而言，语言文字的创造（包括名词翻译）仍存在一个绝对的标准，只不过

“名”的好坏与其是否能“约定俗成”并无必然的关系。严复非常努力地创造“径易而不拂”（简单明了而又不矛盾）的“善名”。他很清楚地意识到译名要有文字学的基础，并奠定在译者对翻译双方（所谓主方语言与客方语言）文化背景的深刻认识之上，亦即一方面应上溯西文原字在希腊文或拉丁文中的原意，另一方面要寻找在中国文字学上有来历的适当名词来翻译西字，并细查其两方词语的文化与思想背景。严复所采取的音义并重的译法，如以“乌托邦”翻译 Utopia，以及以“民直”来译 right，都是很好的例子。很可惜在各种因素影响下，严译名词未能更广泛地被人们采纳，然而他所揭橥的理想，无疑值得我们继续追求。

“达”的问题：读者观点

严复的翻译工作在中国近代史上是一件划时代的事，在他之前国人所译的西书主要是宗教与技术方面，或是经由中西合作，或是转译自日文，这些著作的译笔较为生涩，往往“纰谬层出，开卷即见”，结果“读译书者，非读西书，乃读中土所以意自撰之书而已”。严译西书的数量虽然不多，只有八九种，但皆为经典作品，文字又雅驯，出版之后甚获好评。近代史上许多名人甚至都能背诵严复的译文。

肯定严译之贡献的学者颇多。例如梁启超认为严复是清季输入欧化之第一人，代表了本国西洋留学生介绍新思想的开端。梁任公自讽地表示：清末西洋新思想的输入，在开始之时是囫囵吞枣，乱无章法，“无组织，无选择，本末不具，派别不明，惟以多为贵……运动之原动力及其中坚，乃在不通西洋语言文字之人。坐此为能力所限，而稗贩、破碎、笼统、肤浅、错误，诸弊皆不能免”，此种译介工作可被称为“梁启超式的输入”。梁任公认为第一位精通外国语文，能避免上述缺陷、成一家之言的译介者就是严复。蔡元培（1868—1940）表示近五十年来介绍西洋哲学的“要推侯官严复为第一”；革命党人胡汉民（1879—1936）则称严复是“译界泰斗”，又说“近时学界译述之政治学书，无有能与严译比其价值者”；更有不少人将严复与林纾（1852—1924）并列，称为并世的译才。

然而严复的译作除了广受好评，也引起了不少的讨论。这些论述主要是围绕着严复所说的“信雅达”三原则。开始的阶段学者们多半同意严译合乎雅与信的标准，而集中于批评达的方面，尤其是雅与达的关系，并探讨严译是否曾发挥过很大的影响力。

严复的翻译能否“达”于读者，使他们恰然了悟而深入认识西方思想呢？这一问题的讨论牵涉到近代中国文体的变化。当1890年代至1900年代，严复从事翻译工作之时，在文字上主要有四种选择：一是讲究文藻华丽与对仗工整的骈文；一是科举考试用的八股文；一是从曾国藩（1811—1872）开始，上承唐宋八大家的桐城派古文；一是刘鹗（1857—1909）、李伯元（1867—1906）、吴趼人（1866—1910）等人在撰写小说时所用的白话文。严复师事桐城派的吴汝纶（1840—1903），又欣赏先秦文字，以及杜甫的诗与韩愈的文章，在文字运用上倾向古文，而反对骈文、八股文与白话文。

这样的选择在清末民初受到不少人的支持，胡适在回顾清末以来文学的变迁时，提到古文在1890年代有一个“革新运动”，除了严复的译作，林纾的翻译、谭嗣同与梁启超的议论文章、章炳麟的论学之作、章士钊（1881—1973）一派的政论文章等，虽各有渊源与特点，但都是在延续古文的传承。民国之后的“学衡派”也是有意识地继承此一文风。他们都较肯定严译的价值。

然而在这同时古文也开始受到批判，而产生文言与白话之争。这一争论从清末开始，至1917年胡适在《新青年》上发表《文学改良刍议》，陈独秀（1879—1942）随后撰写《文学革命论》附和支持，两人力主白话文而批判文言文，达到此一论争的高潮。梁启超倾向支持以白话文从事翻译。1902年他在《新民丛报》上有一篇评介严译亚当·斯密《原富》的短文。梁启超以为，此书虽已出版了百余年，其后有许多新的有关“生计学”（后依日译改称“经济学”）的作品，但基本上它们都是在《原富》的基础之上，肯定或否定亚当·斯密的论点，所以严复翻译此书是“诚得其本矣”。因此该书之价值在于使国人对西方生计学的开山之作有所认识，“学者苟能熟读而心得之，则斯学之根础已立，他日读诸家之说，自不致茫无津涯矣”。

梁氏认为严复在此书所翻译的各个新名词“按诸古义，达诸今理，往往精当不易”，他所下的按语也是“大率以最新之学理，补正斯密所不逮也，其启发学者之思想力、别择力，所益实非浅鲜”。但是梁启超觉得美中不足之处是严氏的译笔太过渊雅，刻意模仿先秦文体，而所译的内容又是“学理邃赜”，所以严复所宣传的“文明思想”不易为一般的“学僮”或“国民”所了解。从以上的批评可见，梁氏以为严译在“信”方面并无缺陷，它的主要问题是文字的“雅”妨碍了“达”。此种对严译的评估在当时有相当的代表性。

这种文字上的隔阂经过“五四”白话文运动之后，就愈来愈深了。不过“五四”运动的主将，如胡适与蔡元培等人，因为接受过传统教育，古文有一定的根基，也都读得懂严译，并受其影响，他们在某一程度上，仍肯定严译在当时的贡献。胡适不喜欢严复所用的桐城古文，他把这种文字叫作“死文字”，把白话文称为“活文字”。虽然如此，他还是肯定严译在历史上的价值。在1923年出版的为庆祝《申报》五十周年纪念所写的《五十年来中国之文学》一文中，胡适讨论到严译的历史地位。他同意严复在《天演论》的例言中对使用古文翻译西书所作的说明：“实则精理微言，用汉以前字法、句法则为达易，用近世利俗文字则求达难，往往抑义就词，毫厘千里。审择于斯二者之间，夫固有所不得已也。”胡适说：

> 这些话都是当日的实情，当时自然不便用白话；若用白话，便没有人读了……严复用古文译书，正如前清官僚戴着红顶子演说，很能抬高译书的身价。

> 严复的英文与古中文的程度都很高，他又很用心不肯苟且，故虽用一种死文字，还能勉强做到一个达字。他对于译书的用心与郑重，真可佩服，真可做我们的模范……严译的书，所以能成功，大部分是靠着这“一名之立，旬月踟蹰［蹰］”的精神，有了这种精神，无论用古文、白话，都可以成功。
>
> 严复的译书，有几种——《天演论》《群己权界论》《群学肄言》——在原文本有文学价值，他的译本在古文学史也应该占一个很高的地位。

胡适显然以为从文字的角度来看，对通晓古文的士人而言，严译是雅且达，对于新学青年而言，则是雅而不达，所以严复文字上的选择有其时代意义。

鲁迅早年非常喜爱阅读严译《天演论》，由此而开启了一个崭新的知识领域。他以为应对严译加以分期，认为早期所译的《天演论》是取法六朝译佛经的方法，重视雅与达，读者较易于了解：

> 最好懂的自然是《天演论》，桐城气十足，连字的平仄也都留心，摇头晃脑的读起来，真是音调铿锵，使人不自觉其头晕。这一点竟感动了桐城派老头子吴汝纶，不禁说是“足与周秦诸子相上下”。

后来所译的《原富》《法意》《群己权界论》等书，则是取法唐代译经，“看得信比达、雅都重一些……粗粗一看，简直是不能懂的”，“据我所记得译得最费力，也令人看起来最吃力的，是《穆勒名学》和《群己权界论》的一篇作者自序，其次就是这论，后来不知怎地又改称为《权界》，连书名也很费解了”。鲁迅自己也从事了不少翻译工作，但他对翻译的看法与严复不同，他觉得信与达应兼备，但不能两全的时候，信要比达来得重要。他说“凡是翻译，必须兼顾着两面，一当然力求其易解，一则保存着原作的丰姿，但这保存，却又常常和易懂相矛盾：看不惯了。不过它原是洋鬼子，当然谁也看不惯，为比较的顺眼起见，只能改换他的衣裳，却不该削低他的鼻子，剜掉他的眼睛。我是不主张削鼻剜眼的，所以有些地方，仍然宁可译得不顺口”。

对于达的讨论并不限于文字的雅与信方面，也涉及内容的问题，此即梁启超上文所谓“学理邃赜”所导致的障碍。严复在《群己权界论》的凡例中也曾表示，译文易懂与否，主要不在文字，而在内容，西方深奥的思想在译为中文之后，思想的隔阂仍然存在，此种隔阂使中国读者不易了解。

在这方面严译两本有关逻辑学的著作，约翰弥尔 [即穆勒] 的《穆勒名学》与耶方斯的《名学浅说》，尤其有此问题。这两本译作在当时曾轰动一时，推动国人学习逻辑学的热潮，但是许多人都说因为这门学问过于艰深，严译很难读懂。如上所述包天笑认为多数人只是震于严复的声名，来看热闹，他们对《穆勒名学》所阐释的西方逻辑学顶多只是趋炎附势，“不求甚解”。《穆勒名学》出版的次年（1906），留学日本的朱执信（1885—1920）在《民报》之中表达了一个很类似的看法：“严氏译《名学》后，世乃知有一科学，为思之法则尔，然吾窃观世之读《名学》者，什九震于严氏之名而已，以云深喻，殆未可也。”甚至连博学的王国维（1877—1927）也说严复以古语来译《穆勒名学》颇为难解，对于通外语的人来说，还不如直接读原著作来得容易。

以上的讨论环绕着严译的“雅”与“信”，以及所译内容对于“达”的影响。就更广的历史背景而言，有关严译在“达”方面的讨论牵涉“开民智”之理想与近代中国文言与白话之争。严复一方面促成开启民智的重大变化，另一方面则因坚持使用古文不利于启蒙事业的推广工作，而受到抨击。

“信”的问题：严译忠实于原著吗？

除了以上环绕着“达”的讨论，也有学者从“信”的角度，讨论严译是否忠于原著，并解释影响其忠实度的各种原因。最早从“信”的角度批评严译的人是吴汝纶，在1897年3月9日写给严复的一封信中，吴氏谈到严译在“信”方面的缺失。他指出严氏译书有经世的意图，是要借西人之口来劝谏国人，因而影响翻译的内容。他强调翻译并非著书，著书可随意驰骋，翻译则要尊重原作。因此《天演论》中严复将西方的人与事，改为原作者所不知道的中国的人与事，是不恰当的，还不如忠实地“纯用元书之为尤美”（这是因为严复在翻译时喜欢将西文的典故改为中国的典故，亦即易“洋典”为“汉典”）。

蔡元培在上引的《五十年来之中国哲学》一文中同意严复译作有经世之心，“每译一书，必有一番用意，译得很慎重”，如名学方面的书是为了“革新中国学术”；《群学肄言》是纠正当时政客不知慎重地评估破坏与建设；《原富》与《法意》则是为了传播经济哲学与政治哲学；“又为表示他不赞成汉人排满的主张，译了一部甄克思的《社会通诠》”。对《群己权界论》，他以为书名之更改反映了严氏从激进到保守的转变：

> 严氏译《天演论》的时候本来算激进派，听说他常常说“尊民叛君，尊今叛古”八个字的主义。后来他看得激进的多了，反有点偏于保守的样子。他在民国纪元前九年，把他四年前旧译穆勒的 *On Liberty* 特避去“自由”二字，名作《群己权界论》。

后来有不少人接受上述的说法，认为标题的改变反映严氏思想的转向，从强调“自由”转移到强调“限制”。蔡元培的意见显示，严复的翻译在选书与标题上有其现实的用意；除此之外他对严译在“信”方面的表现并无质疑。

早期对严译之精确度表示不满的还有王国维。他在1905年所写的《论近年之学术界》，一方面肯定严译《天演论》令人耳目一新，产生很大的影响力，另一方面又说《天演论》书名的翻译有问题，“赫氏原书名《进化论与伦理学》，译义不全”。在同书另一篇《论新学语之输入》，他又说严复在翻译时创造了许多新的语词，贡献很大，但其中不恰当的部分也不少，例如将 evolution 译为“天演”，与将 sympathy 译为“善相感”，这两个词不如译为“进化”与“同情”来得恰当。再者，严复也常以“不适当之古语”来表达“西洋之新名”：

> 如译 space（空间）为宇，time（时间）为宙是已。夫谓 infinite space（无限之空间）、infinite time（无限之时间）曰宇曰宙可矣。至于一孔之隙、一弹指之间，何莫非空间、时间乎？空间、时间之概念足以该宇宙，而宇宙之概念不足以该空间、时间。以宇宙表 space 、time 是举其部分而遗其全体也。以外类此者不可胜举。夫以严氏之博雅而犹若是，况在他人也哉！

张君劢（嘉森，1887—1969）更进一步地注意到以古语从事翻译的问题。他认为严译的缺失主要来自他运用充满了文化意涵的古文来从事翻译，结果不但不够精确，更造成意义的混淆。张氏提到一些具体的例子：

> 其立言之际，务求刻肖古人，以古今习用之语，译西方科学中之义理，故文字虽美，而义转歧混。如《天演论》第二篇首云：
>
> “自递嬗之变迁，而得当境之适遇，其来无始，其去无终，曼衍连延，层见迭代，此之谓世变，此之谓运会。运者以明其迁流，会者以指所遭值。”
>
> 考之赫氏原文，但云天然状态者，乃亿万年以来，不

> 断之变迁之过程中一种暂时的境界而已。That the state of nature, at any time, is a temporary phase of a process of incessant change……
>
> 原文之义，简单明了如此，而严氏以意颠倒附益，全失本来面目。且我国文字中意义宽泛者，莫若运字会字，以此人事盛衰之名，入之自然科学中，徒令人联想及于“世运循环”“风云际会”之成语。而赫氏生物哲学之本旨全失矣。

总之，张氏以为，“严氏译文，好以中国旧观念，译西洋新思想，故失科学家字义明确之精神，其所以为学界后起者之所抨击，即以此焉”。他的批评是广泛地关于信，注意到严复以传统哲学与政治思想的语汇，误解了西方以逻辑为基础的“科学”性语汇。

傅斯年（1896—1950）也说严译不精确而导致更改原意，他主要是从“直译”的角度批评严复的“意译”。他说严复的翻译不忠于原著，是以改变原书之意旨的方式来追求“达旨”：

> 作者说东，译者说西，固然是要不得了。就是作者说两分，我们说一分，我们依然是作者的罪人。作者的理由很充足，我们弄得它似是而非；作者的文章很明白，我们弄得它半不可解，原书的身份便登时坠落——这便是不对于作者负责任的结果。严几道先生译的书中，《天演论》和《法意》最

> 糟。假使赫胥黎和孟德斯鸠晚死几年，学会了中文，看看他原书的译文，定要在法庭起诉，不然，也要登报辩明。这都是因为严先生不曾对于原作者负责任，他只对于自己负责任……严几道先生那种“达旨”的办法，实在不可为训，势必至于“改旨”而后已。

傅氏以为翻译必须一方面要对原作者负责，一方面则要对读者负责，“直译一种办法是‘存真’的‘必由之径’”。译者虽然无法一字一字地译，但至少必须一句一句地译，而不能用混在一起的意译。他说这是因为意译很容易随意增减，或者改变腔调与思想的次序，或者把困难的地方蒙混过关，因而扭曲了原意。

贺麟在1925年所写的《严复的翻译》一文，以为严译基本上合乎“信”，而且有些译本因为过于重视“信”而影响到“达”。但是至1945年撰写《当代中国哲学》一书时，却也提到与蔡元培和傅斯年很类似的意见，认为严复的翻译有其本身之用意，因而“改旨”。他从哲学的角度对严复的译述工作提出评估，他说严译就内容而言，不是专门性哲学的著作；就目的而言，是实用性的；就方法而言，则是着重以文雅的古文以求“达”。其中因为实用性很强，所以他的译述带有救治时弊的目的，“他所译述的学说，不是他服膺有心得的真理，而只是救时的药剂”，并使他在翻译时选择性地强调某一部分，而忽略另一部分：

> 他介绍进化论，以弱肉强食、物竞天择等观念以警惕国人，他介绍英国的功利主义，以策勉国人努力富强之术；对前说忽略其生物学研究，及其发生的方法，对后者忽略其提倡放任、容忍、自由、平等的民主思想，和注重社会福利、改善平民实际生活的社会改革思想。

贺麟的评估已经不仅注意到严译是否忠于原著的论题，更从现实环境与思想内涵对其译作之影响，来解释严译不忠于原著的原因。贺麟首次提出严复因受救时心态的影响，在介绍英国功利主义时，对“富强之术”的关怀超过了“提倡放任、容忍、自由、平等的民主思想”，与“注重社会福利、改善平民实际生活的社会改革思想”。

和贺麟一样对中西的语文、文化有深入认识的钱锺书，也对严译在信方面质疑。在1948初版的《谈艺录》中，钱氏简单地提到“几道本乏深湛之思，治西学亦求卑之无甚高论者，如斯宾塞、穆勒、赫胥黎辈，所译之书，理不胜词，乃识趣所囿也”。其中“理不胜词”一语显示他认为严译文字不错，但译文在表达西学内涵方面不如文字那么成功，而这是源于严复缺乏深刻的思想，见解又有所局限，他所选择翻译的西书是比较浅显的。

然而具体而言，到底钱锺书觉得严译有什么问题呢？可惜后来他只撰写了《林纾的翻译》一文，没有以同样的功夫，详细地探讨严复的翻译。但是在该文中，他引用上述吴汝纶对严译的批评，认为在翻译方面，严复“可和林纾做伴”。他所说严、林共有的毛病就是依己意而更改、增补原著，结果把翻译变成了创作：

> 一个能写作或自信能写作的人从事文学翻译，难保不像林纾那样的手痒；他根据自己的写作标准，要充当原作者的“诤友”，自以为有点石成金或以石攻玉的义务和权利，把翻译变成借体寄生的、东鳞西爪的写作。在各国翻译史里，尤其在早期，都找得着可和林纾做伴的人。

上述对“信”的讨论可见许多人都指出严译在忠实度上的缺陷，不过他们也同时承认这是从事翻译时很难避免的现象。这涉及一些学者所谓“译者易也”，或所谓“翻译即创造”“翻译即背叛”的观点。然而从另一个角度来看，严译普遍的回响表明他作为一个译者还是相当成功的。他以典雅古文所从事的译作虽有“达”与“信”的缺失，然在国人认识西方思想、响应西力入侵的历史发展上，他所带来思想的冲击显示他不但是一个接引西学的开创者，也是一个深具影响的关键性人物。

《天演论》是怎么“做”出来的?

严复在天津时期，因为准备科举，具备了中国古典文化与文字运用的修养，同时他比较系统地阅读西方典籍，对西学有更深入的认识。不久即开始从事翻译工作，其中使他“暴得大名”的第一个作品，即《天演论》。

随着1898年《天演论》的正式出版，严复不但跃居中国“第一流之人物”，同时也获得国际性的声望。1899年9月，日本《万朝报》主笔、专研中国历史的学者内藤虎次郎（1866—1934，号湖南）至天津访问，通过《国闻报》馆主西村博，以及该报记者方若、安藤虎男等人的介绍，与天津“精通时务”的六位名士会面，其中名列首位者即严复。从两人的会谈内容，可见严复在当时所扮演的重要角色。根据内藤虎次郎在《燕山楚水》中的记载，他在与严复见面之前，所得到的相关讯息如下：

> 严复字又陵，福建侯官人，现为北洋候补道、水师学堂总办。……严复年齿四十七，二十年前曾游日本，十年前游学英国三年，能英语，已译赫胥黎之书，名曰《天演论》，已经印行。

两人见面时，采取笔谈的方式，其中论及翻译问题。内藤氏说阅读《天演论》之后，觉得“文字雄伟，不似翻译，真见大手笔”。严复则回答：“因欲使观者易晓，不拘原文句次，然此实非译书之正法眼藏。”又说：“近所译《计学》一书，则谨守绳墨，他日书成，当有以求教。”内藤所说的“不似翻译”一语是对《天演论》的赞美之词，这也显示《天演论》在“化西为中”的文字功夫上达到很高的造诣。不过，严复也感觉到《天演论》偏重“信、达、雅”翻译三原则中的“达”，而在“信”方面有所缺失。

《天演论》的成就并非一蹴即得，而是多次修改的成果。在1901年南京富文书局版的《天演论》中，书名由吕增祥题字，内文则有吴汝纶的序言，由此可以显示严复与吕、吴之深厚关系。事实上，吕、吴都对《天演论》翻译文字的修改、润饰有重要的贡献，可谓该书的幕后功臣。

吕增祥（字君止，号皇道山人）乃严复“至交”“执友”，安徽滁州人。吕、严也是亲家，吕的大女儿蕴玉嫁给严复的学生伍光建，二女儿蕴清则嫁给严复的长子严璩（伯玉），儿子吕

富文书局本《天演论》封面，由吕增祥署名校刻

彦直（曾设计南京中山陵、广州中山纪念堂等建筑）为著名的建筑师。严复经常与吕增祥“商榷文字”，《天演论》初稿完成之后，严复亦曾请吕增祥修改。吕增祥也是严复与吴汝纶结交的牵线人。如1897年3月，吕将《天演论》译稿从天津带到保定，请吴汝纶指正。1900年义和团事件期间，吴汝纶担心严复家庭与《原富》稿本的安危，曾写信问吕增祥：“严又陵如何情形？两令婿现在何处？卢木斋曾否在省？其所挟又陵《原富》底稿七册未遗失否？至念！至念！”关怀之情表露无遗。吕增祥则告知严复全家南下上海避难，平安无恙。1901年初，吕增祥还帮助严复联系吴汝纶，将修订后的《原富》稿本，交同乡邓太守带去上海，交还严复。

许多人都提到严复曾拜吴汝纶为师，学习桐城古文。但实际上严复只能算是吴的私淑弟子，并非入室门生。如果从现存两人的通信来看，吴汝纶写给严复的信有8封，最早的一封是1896年8月所写，最晚的一封是1901年6月；严复写给吴汝纶的信有3封，最早的一封是1897年底，第二封在1900年，第三封在1901年底。再者1893年以前，严复忙于准备科举，而水师学堂所在地的天津与吴汝纶担任知州（1881—1889）的冀州，以及主讲的保定莲池书院（1889—1901）之距离，超过150公里，难以当面请教。由此可见，两人认识无疑是严复1880年到天津之后，但是比较密切的往来，应该是1896年至1903年之间的事情。

严复在1900年致吴汝纶的信中，谈到本身中学方面的背景，以及他与吴汝纶的交往。他感叹地说，如果早些遇到吴汝纶，自己在文章写作上，可能会有更好的表现。严先后请吴指正《天演论》与《原富》译稿，并请吴为这两本书写序，1902年，两人同在京师大学堂共事，直至1903年吴汝纶过世，才告终止。1903年春，严复翻译的《群学肄言》完稿，拟寄请吴汝纶作序，这时才听说吴已遽归道山，严复在该书《译余赘语》的最后一段中，以充满感伤的语调，写下无比的思念与感怀。在吴汝纶的“奖诱拂拭”之下，严复对他深感“服膺”。在晚清文界，吴师事曾国藩，乃桐城派后期大师，不但对古文有很深的造诣，“为文深邈古懿，使人往复不厌”，也是严复所谓和郭嵩焘一样，是极少数的“旧学淹贯而不鄙夷新知者”。严复在他的影响之下，仔细研读姚鼐（1731—1816）所编的《古文词类纂》、曾国藩的《十八家诗钞》等书，并进而探究六经，以及曾国藩所推荐的七部典籍:《史记》《汉书》《庄子》《韩文》《文选》《说文》《通鉴》，因而在文字功夫上，获益良多。

吴汝纶又为严复译稿“一为扬榷”以求“斟酌尽善”，《天演论》就是一个很好的例子。严复寄给吴汝纶请求指正的稿本，现存于北京中国革命博物馆，题为《赫胥黎治功天演论》。该手稿为墨书，并以红、蓝、绿各色笔做修改，其中黄、蓝色的批注乃吴汝纶所下。吴汝纶为严复修改译稿后，两人又有书信往返，讨论相关问题。根据这些通信，吴汝纶对严复的翻译工作，至少有以下的几点建议：一、强调精确的重要性。二、当翻译精确与文字典雅有冲突之时，吴汝纶主张“与其伤洁，毋宁失真”。三、吴主张参考晋、宋翻译佛书的先例，将翻译文本与个人的论述严格区分，“凡己意所发明”归于文后“案语”。四、更改标题：他建议“用诸子旧例，随篇标目”，以明宗旨。五、吴汝纶斟酌字句得失，删除了一些原稿中不妥当之处。

从手稿本修改的痕迹可知，严复几乎完全接受了吴的建议。再者，严复接受大部分吴汝纶所拟定的小标题。由此可见，《天演论》以目前的面目出现，吴汝纶扮演了一个非常关键的角色。值得注意的是，吴汝纶虽不通西文，但是他从中国翻译传统所汲取的观念，使他对翻译体例、文字精确与典雅等方面，有很清楚的想法。尤其是一方面尊重原作、重视精确，另一方面以“与其伤洁，毋宁失真”的原则来解决信与达雅之冲突，此一想法对严复后来的翻译工作有深远的影响。

吴汝纶对《天演论》的贡献还有一个一般人较少注意之处，即《吴京卿节本天演论》一书。该书于1903年6月由上海文明书局出版。同一年，北京华北译书局出版的期刊《经济丛编》第3册至第6册，也刊载了《吴京卿节本天演论》。对照此一节本与目前各种《天演论》的版本可知，它实际上是录自吴汝纶的日记，也就是1897年春天，吴汝纶在为严复修改手稿本《赫胥黎治功天演论》时“手录副本”者。

或许在吴过世后，其子吴闿生（1877—1950）整理其父手泽时发现此一节录，因而交给廉泉（1868—1931，吴芝瑛之夫、

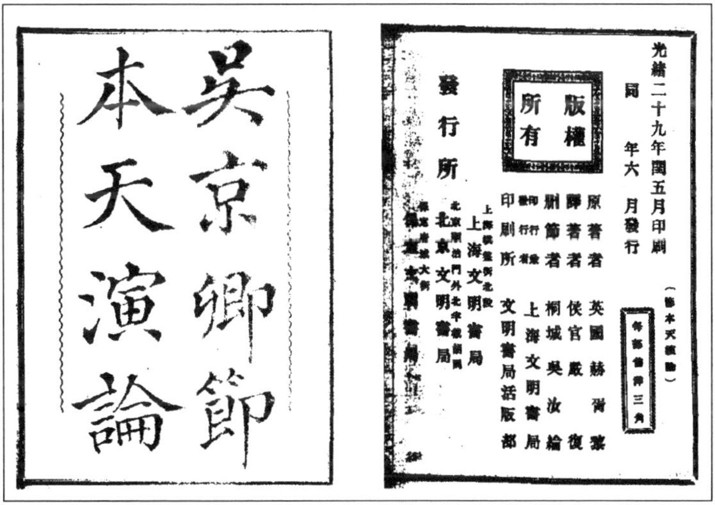

《吴京卿节本天演论》

吴汝纶之侄女婿）所经营的文明书局出版。吴闿生指出，“此编较之原本，删节过半，亦颇有更定，非仅录副也”，这样的观察是非常正确的。

如对照严译原文可见：一、节录的字数只有原文的三分之一左右；二、吴汝纶删除了枝蔓之后，使文字变得简洁、紧凑，成为典雅、纯正的中文，完全没有翻译的痕迹；三、文中以“物竞”“天择”之原则来观察世变之主旨，显得非常突出；四、吴汝纶增加了说明段落主旨之小标题，置于节录文字之后。

此一节本在出版后颇受欢迎，当时有些学校即采用该书为国文教科书。1905年，14岁的胡适就读于上海澄衷学堂，他在

《四十自述》中说：

> 澄衷的教员中，我受杨千里（天骥）的影响最大……后来我在东二斋和西一斋，他都做过国文教员。有一次，他教我们班上买吴汝纶删节的严复译本《天演论》来做读本。这是我第一次读《天演论》，高兴的很。他出的作文题目也很特别，有一次的题目是“物竞天择，适者生存，试伸其义”。（我的一篇，前几年澄衷校长曹锡爵先生和现在的校长葛祖兰先生曾在旧课卷内寻出，至今还保存在校内。）这个题目自然不是我们十几岁小孩子能发挥，但读《天演论》，做“物竞天择”的文章，都可以代表那个时代的风气。
>
> 《天演论》出版之后，不上几年，便风行到全国，竟做了中学生的读物了。读这书的人，很少能了解赫胥黎在科学史和思想史上的贡献。他们能了解的只是那“优胜劣败”的公式在国际政治的意义。……几年之中，这种思想像野火一样，延烧着许多少年的心和血。

胡适的经验应该有其代表性。《吴京卿节本天演论》除了由文明书局印行出版，还有一些人亲手抄录，苏州大学图书馆即藏有一手抄本。这显示吴汝纶的节本对于《天演论》的传播，尤其是从“‘优胜劣败’的公式在国际政治的意义”来理解该书，起了极大的作用。

“天演之学”的理论体系

严复在翻译《天演论》的过程之中转化了西方原有的观念，因此这一本书不仅是一部翻译作品，也可以说是一部创作。这涉及原文、译本与书中“复案”的复杂关系。近代以来一个很流行的论断是钱玄同所谓：严复的翻译“颠倒原文、淆乱真意”。的确，严复的译文有独特之风格与添加的内容及按语，使翻译与原著之间有差距，然而另一方面我们也应该注意到严复的译本或按语并非完全任意发挥。以《天演论》来说，首先是译文与原文在大的段落划分之对照十分清楚。其次，译文之增添的部分与严复所下之按语多半是有根据的（换言之有许多“文本之内的潜文本”）。在此可以举几个例子：严复《天演论》中《论四：严意》章的社会契约论述是根据赫胥黎的*Method and Results*（《方法与结果》）中“Administrative Nihilism”一文的“群约”论述（第272—273页）；《论九：真幻》中复案“赫胥黎讲其义”一段中“圆赤石子”的各种属性，为赫胥黎

Method and Results 之中“On‘Descartes’‘Discourse Touching the Method of Using Ones Reason Rightly and of Seeking Scientific Truth’”(1870)所举之例子;《论五：天刑》之中有关以鹿与狼说明“两者皆造化之所为”，出自“The Struggle for Existence in Human Society”(1888)；1914年《〈民约〉平议》一文是以*Method and Results*一书中“On the Natural Inequality on Man”(1890)为本，来加以发挥。因此严译的研究必须从翻译史与思想史的两条路径切入，不宜简单地将严复的“达旨”视为任意所为。

《天演论》一书的中文译本与赫胥黎原作的焦点、旨趣的确有所不同。严复针对甲午战败后的中国人要如何应变、图强，以挽救危亡的现实考虑，而将赫胥黎文本中悲观的倾向转为乐观的倾向。严复同意斯宾塞所谓“物竞天择”适用于人类社会，而且演化是一个不可避免的缓慢、累积的过程，不能越级而行；但是他觉得斯宾塞太过强调自然的力量(所谓“任天为治”)，而不够重视个人自由、个人意志，以及伦理价值在“天演”过程中所扮演的角色。他接受赫胥黎对斯宾塞的修正，认为人为的能力虽源于天，个人的自由与努力实际上扮演着更重要的角色，可以突破自然的限制，与天争胜，而创造新局，因此天人之间是相互冲突的。整体观之，严复同意“天行”与“人治”一方面“相反相毁”，另一方面则出于同源，所以“天行人治，同归天演”。这样的想法在吴汝纶为《天演论》所写的《序》中有清楚的表达：

> 赫胥黎氏起而尽变故说，以为天不可独任，要贵以人持天。以人持天，必究极乎天赋之能，使人治日即乎新，而后其国永存，而种族赖以不坠，是之谓与天争胜。而人之争天而胜天者，又皆天事之所苞，是故天行人治，同归天演……严子之译是书……盖谓赫胥黎氏以人持天，以人治之日新，卫其种族之说，其义富，其辞危，使读者怵焉知变，于国论殆有助乎？

严复在翻译此书时将原书名“进化与伦理”（*Evolution and Ethics*）译为“天演论”是一个很值得注意的现象。过去学者对此有许多不同的解释。王国维认为 Evolution 应译为“进化”，不应译为“天演”，因为“天”在中文之中有太多的歧义。他也暗示西方的“进化”指“自然”之演变，与中文的“天”有所不同。然而为何严复要将此书标题译为“天演”，他了解中外宇宙观的差异吗？严复所谓的“天”是什么，是西方科学意义下的“自然”（nature）？还是中国思想中作为价值来源的、有道德意涵的“天”？演化的主体又是什么？这个问题或许是解读《天演论》的一把钥匙。

《天演论》中“天”字的重要性与模糊性或许正是此书吸引读者的关键原因，因为这本书要告诉读者何谓新的“天道”，而“天道”一直是士大夫关心的议题。严复无疑是了解这一议题的复杂性的，他在《群学肄言》一段话的按语中提道：

> 故是书言讨论群学之方，则首以天演为宗旨。盖群者天演最繁之物也，使天演之旨而有合，则于前人监临降观，昊天旦明，与乎圣贤经世宰物之说，势不得以不分驰。盖彼方谓种族家国盛衰兴亡，一切皆本于天意（谨案：中国所谓天字，乃名学所谓歧义之名，最病思理而起争端。以神理言之上帝，以形下言之苍昊。至于无所为作而有因果之形气，虽有因果而不可得言之适偶，西文各有异字，而中国常语皆谓之天。如此书天意，天字则第一义也；天演，天字则第三义也。皆绝不相谋，必不可混者也。）……

由此可见，严复是故意选用“天”这个字来吸引读者。严复说有价值意涵之天，如天意之天是“上帝”；而完全形而下的天是“苍昊”。至于“天演”的“天”是“形气”，指“无所为作而有因果”。形气之“形”指具体物象，而“气”则指构成宇宙万物的最根本的物质（如谭嗣同《仁学》所提到的“以太”）。这样一来世界上具体物象与根本物质之因果变化才是“天演”一词之中天的意涵。在《天演论》中检索“形气”共有13个用例，从这些例子可以看到，“形气”一方面是物质性，但是也不能说它完全是物质性的。天演之中的宇宙过程可以对人类有所启示。其中道德的意涵即物竞天择、适者生存、群学法则、以人治对抗天行等原则。人类如不了解天道的“所以然”就无法掌握人道的“当然”。

笔者认为严复将演变中的自然力量（“宇宙过程”）与人为努力的“伦理”因素结合，而包含于“天演”概念之中。换言之，天演同时包括了赫胥黎所说的“宇宙过程”与“伦理过程”。严复所创造的“天演”一词因而包含了大自然的演变（evolution）和其衍生的伦理原则（ethics）。这绝非传统“天地人”“阴阳五行”观念之下具有道德意涵的天，但严复认为在中文的语境中“不能外天而言理”，因而将“进化与伦理”很巧妙地译为“天演”，该书书名之转换实际上具有重要的象征意涵，也是一种很高明的翻译手法。

由此可见严复在此书中一方面同意自然有难以抗拒的力量，另一方面则发挥了赫胥黎反对弱肉强食的丛林法则、反对将优生学用于人类，同时肯定伦理原则，也肯定遗传学之中的“拉马克机制”，主张群己平衡、己轻群重，并进一步推演到认为“人治可以对抗天行”，最终得出了“自强保种”的结论。此一讯息再经过吴汝纶序言的阐发，以及吴汝纶所编辑的《节本天演论》之流传，“自强保种”成为《天演论》所传达的最重要的讯息，并在20世纪初引发了举国疯狂的阅读潮流。

严复“天演之学”的理论体系可以归纳为以下的九点：

第一，天演之机制：严复认为天演是一个自然的变化过程，有其规律，然规律也因偶然之机缘而有许多例外。同时天演即《易经》所谓乾坤变化、“质力相推”，其中有两个组成部分，一是“天行”(包括物竞与天择)，一为“人治”，亦即人为的努力，两者相反而相成。严复同意斯宾塞所谓达尔文的物竞、天择适用于人类社会，但是他觉得斯宾塞太强调自然的力量(“任天为治”)，而不够重视个人自由与伦理道德的价值。他接受赫胥黎对斯宾塞的修正，以为人的能力虽源于天，但个人的自由与努力实际上扮演着更重要的角色，可以突破自然的限制，与天争胜，而创造新局。换言之，严复同意天行与人治一方面“相反相毁”，另一方面则出于同源，所以“天行人治，同归天演”。

第二，肯定遗传学中的拉马克主义：严复介绍斯宾塞的“拉马克主义”(Lamarckism)，并肯定其观点。(严复译为“体合”，意指“物自变其形、能，以合所遇之境，天演家谓之体合”；或说“先世熏修，传为种业”，亦即“用进废退，后天形质可遗传”)根据“拉马克主义”，马尔萨斯人口论所提出的问题可以得到解决，是故天演的结果有可能达到一个没有冲突，而自由、福祉与其他价值普遍流行的“太平盛世”。简单地说，严复肯定斯宾塞的“拉马克主义”与由此衍生出来的乐观想法，并反对赫胥黎的悲观论调。不过另一方面，严复对“后天形质可以遗传”的“拉马克主义”可能也有所保留或感到疑惑，严复在下篇《论一》的按语依据赫胥黎说法，介绍了德国学者魏斯曼（August Weismann, 1834—1914）的“生殖质”理论，认为“官品一体之中，有其死者焉，有其不死者焉”，所谓“不死者”即“生殖质”（the germ-plasma）。魏氏之理论即在“驳斥拉马克主义”。不过诚如王道还所指出的，严复对于魏斯曼理论在生物学上的意义，及其对斯宾塞之威胁很可能都不甚了解。

第三，人类社会有如“园夫之治园”，与自然状态有所不同：严复强调天行与人治之别在于两者适用于不同的原则，“天行者以物竞为功，而人治则以使物不竞为的”。换言之，人为的世界需要依赖“伦理原则”，而非“丛林法则”。至于“人治”应该怎么做，严复接受赫胥黎有关“园丁”与“花园”的比喻，认为园丁的工作是“设其宜境，以遂群生”，亦即培养一个适宜的环境，同时用教育的方式，“取民同具之明德，固有之知能，而日新扩充之，以为公享之乐利”。这也配合严复对“民德”“民智”“民力”的强调。

第四，优生学可适用动植物，却不适合用于人类：严复接受赫胥黎对“优生学”的保留，认为“芸其恶种，使善者传”，只可适用于动植物，却不适合人类社会。严复在《导言十：择难》中用了中国传统的典故来说明“择种留良之术，用诸树艺牧畜而大有功者，以所择者草木禽兽，而择之者人也。今乃以人择人，此何异上林之羊，欲自为卜式，汧、渭之马，欲自为其伯翳，多见其不知量也已（案：原文用白鸽欲为施白来。施，英人最善畜鸽者，易用中事）”。此一观点与严复对伦理原则的重视相互配合。不过另一方面出于对“保种”之考虑，严复同意可以仿效西方实行限制婚育。

第五，演进式的社会起源论：严复认为人类社会之起源并非如卢梭“民约论”所说的“民生平等，而一切自由”。对严复而言，人类社会是从男女开始逐渐演变而成，如《易传》所言：“有男女然后有夫妇，有夫妇然后有父子，有父子然后有君臣，有君臣然后有上下，有上下然后礼义有所错。”严复对卢梭的反驳使他不像许多晚清革命派那样支持激进的革命主张。

第六，对群己关系的思考：严复同意斯宾塞所说人类社会如生物一般是一“有机体”，但在群己关系上，生物体与人类社会有所不同。首先，人具有“天良”而能“善群”；其次，人类社会之中个体有“觉性”，因此应重视个体之“苦乐存废”，不应“强使小己”来为群而牺牲。在此前提下，严复批评赫胥黎所谓“群”的基础为人心之中的“善相感”与过度“克己”的想法。在“群理”方面他较接受斯宾塞的观点，以为“赫胥黎保群之论，可谓辨矣。然其谓群道由人心善相感而立，则有倒果为因之病……赫胥黎执其末以齐其本，此其言群理，所以不若斯宾塞氏之密也”。严复又批评赫胥黎“屈己为群为无可乐，而其效之美，不止可乐之语”乃“于理荒矣”。他较接受“开明自营”（enlightened self-assertion，意指追求自身利益同时不与道义发生冲突）、“人得自由，而以他人之自由为界”的说法，以为群己可以携手并进，“明两利为真利”。以此为原则，严复提出“保种三大例”：“一，民未成丁，功食为反比例率；二，民已成丁，功食为正比例率；三，群己并重，则舍己为群。用三例者群昌，反三例者群灭”（此一“保种公例”乃严复理自斯宾塞的《伦理学原理》）。

第七，阴阳的性别观：在性别问题上，严复根据《易经》阴阳的理论，主张男女分工。女性以“生生”为天职，应重视“繁衍继续”之效，不应与男子“竞于开物发业之场”。

第八，天演之学的政治意涵：在国内政治方面，严复主张应采取循序渐进的调适方式，不应采取激烈的革命主张。此一主张也与上述严复反驳卢梭的“民约论”、肯定柏克式的英国保守主义政治哲学有关。在国际关系上，严复反对殖民主义的弱肉强食。他提出“公理”“公法”“公论”的看法，亦即“必其有权而不以侮人，有力而不以夺人。一事之至，准乎人情，揆乎天理，审量而后出。凡横逆之事，不欲人之加诸我也，吾亦毋以施于人。此道也，何道也？人与人以此相待，谓之公理；国与国以此相交，谓之公法；其议论人国之事，持此以判曲直、别是非，谓之公论”。

第九，肯定斯宾塞与赫胥黎所提出的“不可知论”（agnosticism），并主张宗教有其价值：上述的理论大致可以解释自然与人群之进化，不过仍不周延。严复同意斯宾塞所谓在现有知识范畴之外，有一个的“不可知”的领域（斯宾塞所谓的 unknowable，亦即佛经中的“不可思议”，或《庄子·齐物论》

“六合之外，圣人存而不论”）。他认为“盖学术任何进步，而世［间］必有不可知者存”。这涉及严复对宗教、迷信与学术三者之关系的看法，严复认为人类社会之中始于“人鬼信仰”与“魂魄”的“宗教”观念是一定会存在的，“真宗教必与人道相终始者也”。在宗教发展过程中，“迷信”的想法亦掺杂其间。不过随着学术的进步，“宗教日精”“迷信日寡”，同时“学术之所穷，即宗教之所由起”。

上述的九点可视为严复“天演之学”的主要内涵。

佛法与天演

在阅读《天演论》一书时，许多读者会产生的一个疑问：为何赫胥黎要花那么多的篇幅来讨论佛学的议题？佛教的观点与赫胥黎所关怀的天演世界之中的伦理议题究竟有何关联？为解答此一疑问，必须要对《天演论》卷下的思想内涵作一分析。在此书卷下“论”中从“天刑”“佛释”“种业”“冥往”“真幻”到“佛法”的六个部分，他引用十九世纪欧洲学术界如英国学者戴维斯（Thomas William Rhys Davids，1843—1922）与德国学者欧丹博（Hermann Oldenberg，1854—1920）有关印度佛学研究的一些观点，来讨论传统“福善祸淫”的伦理观、印度婆罗门教与释迦牟尼的观点，及其与天演理论之伦理观的关系，并将之与希腊、犹太等传统相比较。

赫胥黎在该书有关佛教章节的注释之中说（严复并未翻译此一注释）：“我在本文所说的印度哲理特别是得力于戴维斯教授的名著，1881年的《希柏讲座文集》和他的《佛教》

（1890）……我也发现欧丹博博士的《佛祖》（第2版，1890）一书也有很大帮助。”赫胥黎上文所提到的第一位英国籍学者戴维斯是公理会（Congregational Church）信徒，牧师的长子，年轻时曾担任殖民地之官员，而学习梵文、巴利文，后成为著名的巴利学研究者，创办伦敦大学亚非学院，并在英国从事佛教的学术研究。他的主要著作包括：*Buddhist Birth Stories*（1880），*Buddhist India*（1903），*Hibbert Lecture*（1881），*Buddhism*（1890）等。他的著作有日译本：《菩提の花》（1887年）、《釈尊の生涯及其教理》（1911年），然似乎并无中译本。

赫胥黎征引的第二位德国籍学者欧丹博专研佛教思想。1882出版了 *Buddha: His Life, His Doctrine, His Order*。此外他与戴维斯合作编辑翻译 Max Müller 所主编的 *Sacred Books of the East* 丛书中三册有关南传佛教的典籍（*Theravada Vinaya Texts*）。他的著作也有日译本：三并良訳，《佛陀》（梁江堂、1910年）。在佛学理论上，这两位学者所引介的都是南传的小乘佛教，其观点影响到赫胥黎对佛教的认识，而与严复所熟悉的中国的大乘佛教有所不同。〔当时欧洲的宗教学之父马克斯·缪勒（Max Müller）开创的佛学研究传统，主张从梵文与印度哲学研究早期原始佛教。〕

赫胥黎征引佛学观点其实是希望有助于解答其核心关怀，亦即天演世界中天人关系如何界定？如何找寻道德基础？人类与动物有何不同？丛林法则适用于人类吗？如果不适合，理是否源于天？而许多宗教所依赖的“福善祸淫”之原则可以成立吗？人类如何可能摆脱生即是苦、天演物竞之流转？

如果用一个比喻性的说法，赫胥黎在书中很像是举行了一场世界性的讨论会，谈到希腊、犹太、印度与近代西方学者的观点。严复透过翻译更加入中国学者（包括孔、老、宋明理学与大乘佛教）的观点，使整个讨论会内容更为丰富，也更符合中国读者之阅读兴趣。这样看来《天演论》在中国的流行并不单纯地由于“自强保种”的危机意识。此书同时因为具有宽阔的历史视野、深邃的哲学思维与贯通科学与人文的性质，其中亦包括国人所熟悉的佛教思想（或说儒释道）相关之议题，而引发阅读兴趣。

赫胥黎针对上述“天人之际”的讨论会有以下的思索，严复则在翻译之中尝试诠释其观点而将其引介到中文世界：

一、传统“神道设教”所提倡的天人感应、福善祸淫不能成立：为善不必得福、为恶不必得祸。严复在味经本之中还提到了下面的中国历史上的例子，来说明赫胥黎的看法：“春秋之楚商臣，其恶为何如之恶耶？乃及其身为王者，子伯诸侯，永世克禄。潘崇助之为虐，教人弑父弑君，其胸中曾不芥蒂。然而其子孙累叶尊显，洎乎东汉之日，尚有苗裔为校官。回耕何罪而贫夭？货跖何功而富寿？”（《论五：天刑》，味经本，后因吴汝纶之建议而被删除）简单地说，在历史上有许多例子可以显示人们为恶不一定会得到惩罚，而为善也不一定得奖赏。

二、西方有天道“不可知论”的兴起：“宋、元以来，西国物理日辟，教祸日销，深识之士，辨物穷微，明揭天道必不可知之说，以戒世人之笃于信古，勇于自信者。远如希腊之波尔仑尼，近如洛克、休蒙、汗德诸家，反复推明，皆此志也”（《论六：佛释》）。

三、佛教提出因果轮回论来反驳“不可知论”，而说明天道是可知的：“夫轮回因果之说何？一言蔽之，持可言之理，引不可知之事，以解天道之难知已耳。今夫世固无所逃于忧患，而忧患之及于人人，犹雨露之加于草木。自其可见者而言之，则天固未尝微别善恶，而因以予夺损益于其间也。佛者曰：‘此其事有因果焉’。是因果者，人所自为，谓曰天未尝与焉，蔑不可也。生有过去，有现在，有未来，三者首尾相衔，如银铛之环，如鱼网之目。祸福之至，实合前后而统计之。”（《论六：佛释》）。

四、佛教轮回的基础是“种业”，它与西方生物学的“遗传”观念有类似之处，但也有不同：赫胥黎先解释遗传现象“先民有云：子孙者，祖父之分身也。人声容气体之间，或本诸父，或禀诸母。凡荟萃此一身之中，或远或近，实皆有其由来。且岂惟是声容气体而已，至于性情为尤甚”。严复在最早的译文之中又加入一些他本身的理解与中国的事例来补充赫胥黎的观点。严复想到中国历史上的例子，如“吴纲之貌，四百年尚类长沙；鄱阳之容，至七世犹传颖士”（味经本《论七：种业》，后被删除）。接着赫胥黎说明遗传与种业两者仍有不同，“顾竺乾之说，与此微有不同者。则吾人谓父母子孙，代为相传，如前所指，而彼则谓人有后身，不必孙、子。声容气体粗者固不必传，而性情德行，凡所前积者，则合揉剂和，成为一物，名曰喀尔摩，又曰羯磨，译云种业”。赫胥黎又进一步解释“种业”的意义，“种业者，不必专言罪恶，乃功罪之通名、善恶之公号。人惟入泥洹灭度者，可免轮回，永离苦趣。否则善恶虽殊，要皆由此无明，转成业识，造一切业，熏为种子，种必有果，果复生子，轮转生死，无有穷期，而苦趣亦与俱永。生之与苦，固不可离而二也”。(《论七：种业》)

五、赫胥黎肯定释迦牟尼对印度婆罗门教义的修正，主张个人应采立善本、决恶根的“自性自度”、兼爱众生的修养方式。对他而言，此种“塞物竞之流，绝自营之私”的观念与他从天演理论所得到“损己益群”的伦理原则是相一致的。

严复将此书中这一个部分的论证翻译为中文，在《天演论》卷下的论五至论十的部分分别冠以天刑、佛释、种业、冥往、真幻、佛法等标题。其论述内容很复杂，涉及许多哲学方面的讨论，然而可以归纳出两条主要的思路：第一，严译《天演论》中提以“羯磨”（严译种业）与“三世因果”来解释遗传，与因果乃人所自为，“世世生生，相续不绝”(《论十：佛法》复案)；第二，严复以源自佛典的“不可思议”来诠释超名言之域的“万物本体”，亦即自性自度而至“涅槃”作为“最上之一理”。以下再做进一步说明。

严复在《天演论》按语中对遗传作用有所讨论。复案的一段文字是译自赫胥黎原书注一，内容为德国动物学者魏斯曼（August Weismann, 1834—1914）的“生殖质”（the germ—plasma）理论，所谓“死者”是“体质”，而“不可死者”即“生殖质”，体质细胞发育成身体各种组织、器官，而生殖质则将遗传物质传到下一代。在讨论“佛法”的“复案”之中，严复认为“譬之有人，真死矣，而不可谓死”也是“不可思议”。根据佛教的看法，死而不死是因为在“法轮中转，生死起灭”之中有“羯磨”存在。上文之中所谓“不死者”既是遗传因子（生殖质），也可以是佛教所说的“羯磨”。“故身世苦乐之端，人皆食其所自播殖者。无无果之因，亦无无因之果，今之所享受者，不因于今，必因于昔；今之所为作者，不果于现在，必果于未来”《论六：佛释》。赫胥黎借此指出“因果乃人自为”，而以种业（羯磨）来阐明西方生物学中遗传的现象。

赫胥黎也注意到佛教的理论与“拉马克主义”有类似之处，认为后天之努力可以改变演化之进程（这是斯宾塞的观点）。赫胥黎说：“所谓业种自然，如恶叉聚者，即此义也。曰恶叉聚者，与前合揉剂和之语同意。盖羯磨世以微殊，因夫过去矣。而现在所为，又可使之进退，此彼学所以重熏修之事也。熏修证果之说，竺乾以此为教宗，而其理则尚为近世天演家所聚讼”。赫胥黎对拉马克机制有所保留，“世固有毕生刻厉，而育子不必贤于其亲；抑或终身慆淫，而生孙乃远胜于厥祖。身则善矣恶矣，而气质之本然，或未尝变也；熏修勤矣，而果则不必证也”。所以他说虽然佛教理论与拉马克机制在理论上不能成立，然佛教不得已而提出的办法是鼓励人们自性自度、变化气质，而“超生死出轮回”。

赫胥黎虽不赞成佛教理论（与拉马克机制），却对佛法所提示的道德修为与生命智慧的最高境界有所共鸣。赫胥黎与佛教所共同面对的问题是：在天演物竞流转之中，人们究竟如何才能摆脱生即是苦？佛教的方法是由自省自悟，亦即“熏修证果”“变化气质”，最终至于涅槃究竟的境界。严复在译文之中以“不可思议”解释涅槃：复案之中解释“不可思议”四字，乃佛书最为精微之语……佛所称涅槃，即其不可思议之一也。严复在翻译之中大加发挥（原文甚短，译文增加了不少篇幅）。原文是：This end of life’s dream is Nirvana. What Nirvana is the learned do not agree. But, since the best original authorities tell us there is neither desire nor activity, nor any possibility of phenomenal reappearance for the sage who has entered Nirvana, it may be safely said of this acme of Buddhistic philosophy“the rest is silence”。（生命梦幻的结局就是涅槃。各家学者对涅槃的定义各不相同……佛教的主旨可以说是湛然寂静）。严译：“顾世尊一大事因缘，正为超出生死，所谓廓然空寂，无有圣人，而后为幻梦之大觉。大觉非他，涅槃是已。然涅槃究义云何？学者至今莫为定论，不可思议，而后成不二门也。若取其粗者诠之，则以无欲无为，无识无相，湛然寂静，而又能仁为归，必入无余涅槃而灭度之。而后羯磨不受轮转，而爱河苦海，永息迷波。此释道究竟也。”在复案之中他又仔细地分三点来说明涅槃的意义：

> 一是涅槃为物，无形体、无方相、无一切有为法。举其大义言之，固与寂灭真无者无以异也。二是涅槃寂不真寂，灭不真灭，假其真无，则无上、正偏知之名乌从起乎？此释迦牟尼所以译为空寂而兼能仁也。三是涅槃湛然妙明，永脱苦趣，福慧两足，万累都捐，断非未证斯果者所及知、所得喻。正如方劳苦人，终无由悉息肩时情况……故如渴马奔泉，久客思返，真人之慕，诚非凡夫所与知也。

涅槃的追求与天演有何关系？赫胥黎指出相对于“宇宙过程”的物竞天择（天行），人文世界的发展过程被称为“伦理过程”（人治）。严复用中国传统理气之说来阐释，指出“赫胥黎氏以理属人治，以气属天行”。赫胥黎认为遗传（与轮回）是宇宙过程的一个基础；而涅槃之追求则是伦理过程之中的一种表现。对赫胥黎来说，伦理过程乃基于“有物浑成，字曰清静之理”的人性（pure reason），而此一人性亦包括“群性”（译自原文的 political nature）。伦理世界之中必须压抑人类的“自营”

（self-assertion），通过人际之间的“善相感通”（sympathy），“与物为与，与民为胞，相养相生”；“盖惟一群之中，人人以损己益群为性分中最要之一事，夫而后其群有以合而不散，而日以强大也”。由此可见赫胥黎借着佛学的讨论，以及佛法与生物学原理的相通，要引出他一贯的主张，人类必须在“自营”与“兼爱”，亦即“损己益群”的观点之间找到一个平衡，以此作为伦理原则的基础，这也与佛法之中“空寂而兼能仁”的主张相通。

赫胥黎对佛教的评价很高，他总结佛教的理论价值与历史地位，认为佛教的理论有独特之处，所以才能流传广远而吸引大量的信徒。赫胥黎并将佛法与斯多噶思想比较，认为佛法少谈世间之欢乐，而过度强调人生的黑暗面，斯多葛的思想则相反，有乐天知命的性格，却把人世的悲伤抛之脑后：“吾尝取斯多噶之教，与乔答摩之教，较而论之，则乔答摩悲天悯人，不见世间之真美；而斯多噶乐天任运，不睹人世之足悲。二教虽均有所偏，而使二者必取一焉，则斯多噶似为差乐。但不幸生人之事，欲忘世间之真美易，欲不睹人世之足悲难。祸患之叩吾阍，与娱乐之踵吾门，二者之声孰厉？削艰虞之陈迹，与去欢忻之旧影，二者之事孰难？黠者纵善自宽，而至剥肤之伤，断不能破涕以为笑。徒矜作达，何补真忧”。这样看来印度佛学要比希腊的斯多噶学派更为深刻。

总之，赫胥黎在《天演论》卷下之中以一场世界性的讨论会来比较东西伦理学说，并反思进化理论对伦理的冲击，而尝试提出一个“伦理的自由主义”。对严复而言，他一方面透过翻译来译介“群己并重”“损己益群”的伦理的自由主义，反驳斯宾塞具个人主义色彩的“任天为治”之说，来鼓励国人“自强保种”。他也敏锐地观察到赫胥黎的天行人治观其实切断了“理”与“天”之间的联系，宇宙或自然的过程不再是像宋明理学家朱熹所说代表了“天理”，反而宇宙运行像朱熹所说的“气”或“欲”，具有恶的倾向，同时人为努力的伦理过程则成为善的渊源，也是朱熹所说的“理”的性质。就中国传统的“天人关系”来说，《天演论》的主张是一个革命性的翻转。这一个观点让孙宝瑄（1874—1924）留下了深刻的印象。他在1897年十二月初四的日记之中记载：“《天演论》宗旨，要在以人胜天。世儒多以欲属人，而理属天，彼独以欲属天，而理属人。以为治化日进，格致日明，于是人力可以阻天行之虐，而群学乃益昌大矣。否则，任天而动，不加人力，则世界终。古争强弱，不争是非，为野蛮之天下。其说极精。”胡适在1914年7月28日的日记中对于天人关系之讨论，虽不用“理”“欲”等传统词汇，然其反应与孙宝瑄十分类似。胡适借着美国以工程技术凿径筑桥，让人人得享大自然之美，此举乃以“人治”“人择”对抗“天行之酷”，是“以人事之仁，补天行之不仁，不亦休乎！不亦仁乎！”。

另一方面《天演论》中对于佛教部分的讨论使严复以不可思议、不二法门翻译斯宾塞与赫胥黎思想中的“不可知的”（unknowable）、“不可知论”（agnostic），严复并以此来了解终极的真理，使他在逻辑性的命题之外追求默然之智慧。不过值得特别注意的是他不像斯、赫两人那样，认为“人生智识，至此而穷，不得不置其事于不论不议之列，而各行心之所安而已”。严复以佛学为基础，在《群学肄言》《穆勒名学》《老子注》多方发挥“不可思议”之意蕴，使之成为严复知识观的重要基础，开启了近代以来佛学与科学的交融互释。

天演惊雷

严复所译介的“天演之学”在近代中国历史上有何重要性与影响呢？首先，《天演论》的翻译是严复精心选择的结果，是为了突出人类演化过程之中“伦理”的价值。赫胥黎原书的主旨在批判达尔文与斯宾塞的部分观点。赫胥黎认为，自然界存在着弱肉强食的残酷现实，然在人类社会却不可以完全遵从“丛林法则”，而应依赖伦理原则“以物不竞为的”；同样的伦理关怀使赫胥黎反对优生学用于人类。赫胥黎与斯宾塞的辩论源于19世纪末期英国思想史中，关于伦理力量与自然法则之关系，以及“拉马克原则”是否成立、政府职能应积极推展还是消极限制、人类未来是光明还是黑暗的种种论争。

严译《天演论》不但肯定上述赫胥黎的伦理关怀，更思索国人要如何应付物竞天择的变局，而能保种图强。严复强调人的能力虽源于天，个人的自由与努力与群体的合作实际上扮演着更重要的角色，可以突破自然的限制，与天争胜，而创造新局。但是另一方面他又接受斯宾塞所肯定的“拉马克主义”，认为人类未来可以解决人口增长所带来的危机，因而将赫胥黎文本中悲观的倾向转变为乐观的倾向。这种人为努力的重要性及未来可臻于至善、太平的远景，给予国人无比的激励，故能鼓励国人起而自强保种、应变图强。上节所引孙宝瑄日记中记载了阅读《天演论》的感想，从他的反应似可推断，严复“以人胜天……治化日进，格致日明，于是人力可以阻天行之虐”之要旨为读者们所接受。

在近代中国，随着《天演论》的传播，人们建立起一套宇宙与历史的解释框架，以进步史观来认识中国的处境，并设定未来努力的方向。在此观念之下，历史是由“草昧”（或“野蛮”）进入“文明”的线性发展。其中“物竞”“天择”（“自然淘汰”）为基本原则，人们据此来认识当时中国之处境，因而提出“自强保种”“适者生存”作为努力之目标。严复又根据斯宾塞的说法指出：在此竞争之中最关键的因素是以教育的方式提升民德、民智与民力，只有在这三方面努力提升，加上实行上述“保种三大例”，方能避免被淘汰的命运，达到“保种”与“进群”。上述的思路是清末改革派与革命派共同的认知，并影响到民国以来启蒙知识分子的基本理念。近代中国几种影响力最大的“救亡”理论，如梁启超的“新民说”与鲁迅的“改造国民性”论述，都建立在严复“天演之学”的基础上。

然而中国知识分子对严复《天演论》的认识也是一种思想上取舍的过程。如上所述，严复“天演之学”是一个复杂的体系，因为其内涵的复杂性使它在中国传播过程中出现选择性的接受。多数的读者其实只肯定了最有名的“物竞天择”“适者生存”“自强保种”等观念，而不了解其整体的思想体系。

中国知识分子对《天演论》内容的取舍，也表现在严译《天演论》成为缓和的改革论与激进的革命论共同的思想元素。如上所述，严复天演思想的基调为调适性的改革思想。他不但宣扬天演的宇宙观与历史观，更采取一种介乎激进与保守之间的中间道路，亦即所谓“中庸之道”来面对清末的内忧外患，希望在肯定传统文化的前提下，建立自由、民主的政治体制与资本主义的经济体制，以实现国家富强。这种调适的想法一方面为梁启超、杜亚泉等人所继承，另一方面则影响到新儒家如熊十力、牟宗三与唐君毅等人。

严复对新儒家的影响表现在两个方面。

第一，严复《天演论》之中以《易经》中“翕辟成变”来解释宇宙变化“相反而相成”的观点，为熊十力与唐君毅所继承。诚如论者所述，熊十力“体用不二”的哲学，“既有来自于《易》的萌发，更有本于严复《天演论》的中介……严复的译著，对熊十力的体用、翕辟、本隐之显诸说，均具有启迪之功”。唐君毅则表示他以“阴阳乾坤会通西方之质力之分”的想法源于严复《天演论》的序言，“盖以阴阳乾坤之理以观质力，则质为隐为幽，而立为显为明。质者物之阴，力者物之阳。质发力而阴成阳，力入于他质，而阳入于阴”。严复与新儒家在宇宙观上的连续性显示近代中国“世俗化”（secularization）的一个重要特点，亦即当“科学”的宇宙观取代传统的“阴阳”“天地人”的宇宙观之后，“形上智慧”的追求并未被打消，20世纪中国思潮的主流是建立一种能与现代科学相配合的形上学而形成的宇宙观。新儒家所提出“内在超越”（余英时亦强调此一观念），在人的心性之中找寻价值之基础，并强调与西方“外在超越”有所不同，就是奠基在严复所开创的这种新宇宙观之上。

第二，严复会通中西的思想，亦即肯定西学而不鄙视中学的想法，以及将儒家与自由、民主结合在一起的想法，为牟宗三所肯定。牟宗三在讨论严复思想时曾说：“他浸润于中国典籍很深，他用典雅的文字来翻译西方的学问。他的翻译不感觉到西方文化与中国文化为对立，他并没有以为要吸收这些，非打倒中国文化不可。这倒不失为一个健康的态度。”的确，牟宗三一方面浸润于传统典籍，另一方面深入西学，并主张开出“新外王”，接引西方民主与科学的观念，正继承了严复的学术理想。此外与牟宗三思想取径类似的张君劢、周德伟等所谓“儒家宪政主义者”也同样继承了此一思路。

然而上述严复思想中调适性一面的思想遗产，在清末民初思想“激进化”的过程中，却并未成为主流思想。清末传入中国的达尔文、斯宾塞、赫胥黎的理论反而与革命思潮结合，成为鼓舞革命的理论基础。邹容（1885—1905）的《革命军》是最好的例子，他说："革命者，天演之公例也；革命者，世界之公理也；革命者，争存争亡过渡时代之要义也；革命者，顺乎天而应乎人者也；革命者，去腐败而存良善者也；革命者，由野蛮而进文明者也；革命者，除奴隶而为主人者也。"1907年吴稚晖（1865—1953）所发表的《进化与革命》一文更清楚地将进化论作为革命的基础。他认为"革命"即"求进化"，缓进反而成为一种弊病。

孙中山（1866—1925）1905年在《在东京中国留学生欢迎大会的演说》中有类似的看法。他以"进化之公理"来支持民主革命，反对渐进改革。在思想文化的领域也是如此，"五四"新文化运动时期陈独秀、李大钊所提倡的"伦理革命"，也是以"进化"的观念来论证"古代道德所以不适于今世也"（陈独秀）、"道德者，宇宙现象之一也。故其发生进化亦必应其自然进化之社会"（李大钊）。

《天演论》对清末民初改革派与革命派的影响，显示出此书有如一声"惊雷"，促成中国近代思想的巨大变化。

严译《群己权界论》

严复所翻译的书籍都是切于国内所需的西方经典，在政治思想方面，最重要的莫过于从弥尔所著 *On Liberty*（《论自由》）译成的《群己权界论》一书了。为什么严复会翻译此书？这涉及他对中西文化及其优劣的认识。根据他的观察，中西文化的一个基本差异在于西方文化有其“命脉”，此即“于学术则黜伪而崇真，于刑政则屈私以为公”（科学与民主），他认为这样的理想与中国人所揭橥的道理其实并无不同，但是西人“行之而常通”，国人则“行之而常病”。为什么？严复认为这是因为西方人注重个人“自由”：

> 其命脉云何？苟扼要而谈，不外于学术则黜伪而崇真，于刑政则屈私以为公而已。斯二者，与中国道理初无异也。顾彼行之而常通，吾行之而常病者，则自由不自由异耳。夫自由一言，真中国历古圣贤所深畏，而从未尝立以为教者也。

> 彼西人之言曰：唯天生民，各具赋畀，得自由者乃为全受。故人人各得自由，国国各得自由，第务令毋相侵损而已。侵人自由者，斯为逆天理，贼人道。

那么中国完全没有类似的思想吗？严复指出中国思想之中与西方自由观念最接近的是讲究待人及物的“恕”与“絜矩”之道。“絜矩”二字，语出《大学》，根据朱熹的解释“絜，度也。矩，所以为方也……君子必当因其所同，推以度物，使彼我之间，各得分愿，则上下四旁，均齐方正，而天下平矣”，意指我们的一切作为要站在他人的立场上来设想而发挥“己所不欲，勿施于人”的精神。在《群己权界论》的《译凡例》之中，严复即强调“絜矩之道”与西方自由观念相一致之处，他说“自入群而后，我自繇者人亦自繇，使无限制约束，便入强权世界，而相冲突，故曰人得自繇，而必以他人之自繇为界，此则《大学》絜矩之道，君子所恃以平天下者矣”。

然而在1895年的《论世变之亟》一文，他又说两者其实有所不同：

> 中国道理与西法自由最相似者，曰恕，曰絜矩。然谓之相似则可，谓之真同则大不可也。何则？中国恕与絜矩，专以待人及物而言。而西人自由，则于及物之中，而实寓所以存我者也。

为什么会有两种看起来好像矛盾的说法？首先我认为这显示在严复的心目中中西文化有本质上的差异。他强调将英文译为中文，包括将“liberty”（自由）的概念译为汉语，十分困难，所以中国读者在阅读译书之时难以理解（下详），此即表示中西文化之间的差距。但是另一方面，严复也认为中西文化在精神上有互相贯通之处，何况当他谈到中西之间的对照时，他所说的中国显然只是指当代的衰微状况，而不是中国文化过去的整体发展，对后者，他当然以为其中有高明之处。总而言之，当讨论到中西文化之时，严氏有时强调其异，有时则表明其同。

然而假如我们要更深入地了解其“同”，我们必须要特别注意到严复把自由解释为“恕”与“絜矩之道”的看法，亦即他把自由等同于儒家“己所不欲，勿施于人”“己欲立而立人”的道德理想。然而西方意义下“自由”一概念的焦点是：无外来限制下的个人选择，而不在于道德义务，所以我们与其说严复发现了一种外国人的价值，还不如说他把固有文化最高的理想投射到西洋文化之中，并觉得西方的长处是他们有能力实现此一理想，然后他将此一能力与“自由”的概念贯穿在一起。就此而言他对西方“自由”的观念有所误会。

不过这个说法也不完全恰当，严复谈论西方“自由”概念之时也带有“发现”的成分，而不全为投射。对他来说，中西文化的一个根本差异在于有无“自由”一观念，而西方自由观念的特点则是他所说的“所以存我者”，这句话用现代语汇来说，或许可以译为：肯定自我主体、自我实现的独特价值。这一想法也和严复在他的另一篇文章之中所说“自由者，各尽其天赋之能事，而自承之功过者也”的意义是相通的。严复认为由于此一基本差异，于是中西社会之间各种差异丛然而生：

> 粗举一二言之，则如中国最重三纲，而西人首重平等；中国亲亲，而西人尚贤；中国以孝治天下，而西人以公治天下；中国尊王，而西人隆民；中国贵一道同风，而西人喜党居而州处；中国多忌讳，西人众议评。其于财政也，中国重节流，而西人重开源；中国追淳朴，而西人求欢虞。其接物也，中国美谦屈，而西人务发舒；中国尚节文，而西人乐简易。其于为学也，中国夸多识，而西人尊新知。其于祸灾也，中国委天数，而西人恃人力。

这一段话可能是国人首度以中西对照的方式，公开地颂扬西方环绕着“自由”的价值观念，认为因为自由观念的有无，使中西双方在思想与行为上表现出不同的面貌。

对西方自由观念之独特性的重视也表现在其他的文章之中。在《论世变之亟》发表之后严复又撰写《原强》一文，表示富强的具体表现是“利民”，而利民最好的方法，是给予人民充分的自由而使之自治：

> 夫所谓富强云者，质而言之，不外利民云尔。然政欲利民，必自民各能自利始；民各能自利，又必自皆得自由始；欲听其皆得自由，尤必自其各能自治始；反是且乱。

这一体认无疑地促使他在几年之后（1899）翻译约翰·弥尔的 *On Liberty*（《论自由》），至1903年该书出版问世。此书的出版代表了严复对西方自由观念有了更进一步的认识，其中一个表征是他开始以“自繇”二字取代国人所通用的“自由”，来翻译西文的liberty或freedom。他说“由”“繇”二字在古代是可以通用的，“今此译遇自繇字，皆作自繇，不作自由者，非以为古也，盖其字依西文规例，本一乑名，非虚乃实，写为自繇，欲略示区别而已”。这一句话有些费解，他似乎是指“自繇”的“繇”是和丝线一样，为一具体的情况，所以“自繇”是比较具体的，它不像“自由”带有较抽象的意涵；而他觉得西文的liberty或freedom的观念其实是比较具体的，所以用“繇”要比用“由”来得恰当。如果此一诠释是正确的，这显示严复已认识到liberty一字所指涉的是实际的，代表对生活上自我活动范围的一种具体保障，而非仅为一抽象的价值，这当然是一个十分敏锐的观察。无论如何，其后他在翻译《法意》等书时都是用“自繇”。

在《群己权界论》序文中，他表示弥尔的这本书很不容易理解，所以在翻译的时候如果采取逐字逐句的“依文作译”，一定“难索解人”，所以他在译文中要“略为颠倒”，以适合中文的书写习惯。他更提醒读者，如果发现此一译本“不可猝解”，这主要不是因为他的译文不好，而是原作内容原本深奥所致。这种认为翻译工作十分困难的看法当然反映严复已突破固有文化的范畴，而处于一个发现新价值的过程之中。

弥尔的原书名是 *On Liberty*，开始之时严复译为《自繇释义》，但该书出版之际严复却将之改为《群己权界论》，与英文书名并不对称，为何如此？（“群己权界”的观念源自该书第四章标题“论国群小己权限之分界”）从严复的文字中可以找到一些解释。首先他认为弥尔此书的主旨是在于阐明群己之分界，强调无论是贵族时代、专制时代，还是立宪民主时代，都要保障小己在界之内的自繇，使之避免受到君主、贵族或社会舆论的干涉：

> 贵族之治，则民对贵族而争自繇，专制之治，则民对君上而争自繇，乃至立宪民主，其所对而争自繇者，非贵族非君上，贵族君上，于此之时，同束于法制之中，固无从以肆虐，故所与争者乃在社会，乃在国群，乃在流俗。穆勒此篇，本为英民说法，故所重者，在小己国群之分界，然其所论，理通他制，使其事宜任小己之自繇，则无间君上贵族社会，皆不得干涉者也。

再者，书名的变更也与国内的情境有关。当时（1903）西方自由的观念已经传入国内，如梁启超在1899年所撰《自由书》的《叙言》就说“西儒约翰弥勒曰，人群之进化，莫要于思想自由、言论自由、出版自由”；在1902年梁启超的《新民说》中也有《论自由》一节，开始的部分任公说“‘不自由毋宁死’斯语也，实十八、九两世纪中，欧美诸国民所以立国之本原也……今日自由云自由云之语，已渐成青年辈之口头禅”。严复认为国人对刚刚传入的自由观念产生了两种极端的误会，保守之士将西方自由的概念视为洪水猛兽，认为它将会冲击传统秩序；求新之人则以为自由即为所欲为，可以合法化放荡的行为。严复在序文中明白表示，此书之作，在于使保守与激进的两派人士对“自繇”有一持平的认识，了解到自繇不是破坏伦常的邪说，也不是“恣肆泛滥”“放诞恣睢无忌惮”，而是阐明群己权限之划分，使不偏于国群而压制小己，亦不袒护小己而使国群受害：

> 十稔之间，吾国考西政者日益众，于是自繇之说常闻于士大夫，顾竺旧者既惊怖其言，目为洪水猛兽之邪说；喜新者又恣肆泛滥，荡然不得其义之所归，以二者之皆讥，则取旧译英人穆勒氏书，颜曰《群己权界论》。畀手民印版以行于世。夫自繇之说多矣，非穆勒氏是书所能尽也，虽然，学者必明乎己与群之权界，而后自繇之说乃可用耳。

严复对“权界”一观念之重视，从他将《群己权界论》作为书名可见其一斑，此一观念究竟有何意义？严复并没有很清楚地说明，我认为在严复思想之中“权界”有两个层面的意涵：第一，它指“人得自繇，而必以他人之自繇为界”，对严复来说此一意义与中国古代所谓推己及人、守分知礼的“絜矩之道”是相通的。第二，上述精神的具体表现是以法律来保障与约束个人自由，这样做一方面可以使个人的自我主体受到尊重，自我实现得以发挥，另一方面则使人们不致因为个人自由而危害他人自由与群体利益，严复显然同意，就法律保障而言中国则颇为缺乏。

总而言之，严复认为西方有一个异于中国的安排社会秩序的方法，同时西洋文化与中国固有文化也有很多一致之处。按照严复的看法，中西的差异不在于普遍的、根本的道理，因为无论是中国还是西方，人们都希望实现“黜伪而崇真”“屈私以为公”与国家富强等目标，要避免社会的混乱与失控。再者，西方“人得自繇，而必以他人之自繇为界”的观念与中国的恕与絜矩之道，在精神上也是相通的。当严复说“自由”与“絜矩之道”很类似之时，这似乎反映他认为自由体制是实现固有道德理想的一个有效方法。

在原则上严复显然认为中国应该采取西方这套更有效的方法，然而这是否代表这时他主张要完全放弃中国传统的三纲、亲亲、以孝治天下、尊王、一道同风、节流、淳朴、谦屈等呢？

还是他认为西方的模式值得参考，而应与中国的一些价值结合在一起？我认为严复主张结合中西价值。当严复说自由要注意到群己权界时，这些权界到某程度是由传统的规范所构成。当他对那些比较保守的读者保证，他对西方自由观念的引介，不会摧毁传统的伦常，这显然代表他仍肯定儒家传统的核心价值。当严复翻译西方著作之时，他用的是文言文（桐城古文），而不是那时已开始流行的白话文，这也反映他虽然欢迎一些新的价值，可是同时仍企图保护并延续传统文化中一些重要的部分。

然而，对严复而言，西方自由的概念还是有异于固有文化，而又有价值的部分。第一，中国人的恕道仅重待人及物、尊重他人，西方人则在待人及物之中强调“所以存我者”，亦即类似后来人们所说的肯定自我主体与自我实现的独特价值。第二，西方能以法律较有效地来保障此一尊重个人的理想。因此严复认为西方的个人自由是在法制的架构之下，以平等、众意的原则来推举贤能之人出任公职。在此制度下，个人能够追求快乐、发舒情感与表现个性，也能更实际而直接地解决问题与追求利益，所以他说西人“行之而常通”。而且就是因为这些价值与中国文化不同，所以将它们翻译为中文时有其困难。严复对《群己权界论》的翻译就是在同时注意到中西文化之差异与相同的背景下，所从事沟通中西的工作。

严复的自由主义：具有中国特色的自由思想

除了翻译《群己权界论》，严复也在其他作品之中讨论政治与文化的议题。如果将翻译与论述结合起来看，严复的自由思想有何特点？他的自由思想与弥尔那种西方自由主义有何异同？严复又是否批判他所了解的弥尔的想法？

我发现严复的著作显示出他对个人自由的重要性有充分的了解，而展现出融会中西、具有中国特色的自由思想。他对思想自由、言论自由与行为自由都有所认识，并将之视为具有终极的价值。这与弥尔的个人主义非常配合。然而对严复来说，思想言论自由的意义在于荀子所说的“从道不从君，从义不从父”(《荀子·子道》)，亦即个人是“从道”的主体，其权威超过君主谕令或父母教诲，这样一来，自由是指个人决定从道的能力，而且也预设了荀子所谓的“知道”的可能性，亦即人心能够掌握实然与应然的客观真理，在此情况之下弥尔所说的fallibility（易错性）变成一个不是那么重要的问题。简言之，严复的自由观有较强的“乐观主义的认识论”的意味，弥尔的自由观则是奠基于“悲观主义的认识论”（怀疑主义）之上。

严复虽然了解西方自由概念有其与中国传统不同的独特性，强调“存我”、追求“开明自营”（合于公义的私利）与“斯民宜令得享最大自由”，但是同时他也以为中西理想可以会通，所以他进一步地将个人自由与杨朱的为我、庄子的在宥、墨子的兼爱，以及儒家的公恕正直、修己及人、舍生取义等理想结合在一起（详见下文），并主张以教育的方式培养民力、民智、民德兼备的国民，以促成自由理想的实现。因此如果我们借用英国学者柏林（Isaiah Berlin）有关“积极自由”（指追寻更佳之自我的自由）与“消极自由”（指以权利保障，而免于受制于他人的自由）的分法，严复显然较强调积极自由的一面，虽然他没有完全忽略消极自由，然而值得注意的是，柏林所谓消极自由尤其重视尊重个人品味（taste）、个人隐私（privacy）、自我利益（self-interest）与肯定结社的合法性等，这些西方自由主义、个人主义中较独特的面向，则较不为严复所强调。

严复对自由民主在制度层面的设计，如三权分立、代议制度、国会、多数决、地方自治等方面，也都有所了解。他亦肯定经济领域中的自由贸易政策。这些想法和弥尔的观点多半是一致的。

再者，严复和弥尔一样，一贯地重视实施自由制度所需要的各种条件，如国内外的安定环境与一定水平之上的国民程度，并主张一个社会应在具备充分的条件之后，再实行自由民主体制。在此之前的过渡阶段则应模仿德国、日本，以政治强人实施循名责实的开明专制。

上述的几点主张都涉及自由与权限的关系。严复认为两者都有其重要性，个人一方面应追求自由，另一方面也要配合群体的理想，受到管制，在理想的情况下个人自由与群体管制应取得平衡。对严复来说，个人自由有本质上的意义，而群己平衡的所以然就是在于促进个人的福祉，而不是为一个抽象的群体或国家的理念来服务。所以他指出主治者不应以国家之名，要求小己为国家牺牲，而国家要造福人民，就是要造福每一个个人。他在《天演进化论》(1913) 一文中有一段发人深省的话：

> 斯宾塞曰：生物么匿无觉性，而全体有觉性。至于社会则么匿有觉性，而全体无别具觉性。是故治国是者，必不能以国利之故，而使小己为之牺牲。盖以小己之利而后立群，而非以群而有小己。小己无所利，则群无所为立，非若生物个体，其中一切么匿支部，舍个体苦乐存废，便无利害可言也。

然而严复也体认到自我应该超脱个人关怀，为群体着想，他不但劝人们"事遇群己对待之时，须念己轻群重"，更积极地提倡儒、墨的利他的道德理想。这样一来，他的作品和他的翻译一样，注意到自由与管制之间的平衡，以保障个人权利与维系群体福祉，这样的想法是将西方的个人主义与儒、墨思想融合在一起，也隐含着对弥尔主义的一种批判。

严复的群己观和他所强调依据情势而适应调整的想法也有关系，换言之，自由与管制孰轻孰重，要依情势而定。他以为一个理想的文明社会应坚持群己平衡，但是一个国家在条件不足或危机四伏的情况之下，则应配合过渡时代的权宜措施，以群体为重。

以上述的想法为基础，严复批判以下几种观点：一、极端的个人主义与自私自利。二、中体西用、全盘西化、西学源于中国说，以及结合先秦与西方的文化修改模式。三、守旧派的政治主张与作为、维新派激烈言论促成革命，以及革命党的反满革命。四、与反对暴力革命密切相关的是严复也从理论的层面驳斥卢梭的思想。

严复以上的想法是如何形成的呢？我认为他固然受到西方思想家如弥尔、亚当·斯密、赫胥黎、斯宾塞等人的启发，同时又对这些西方思想做一取舍。严复也受到清末民初之时一些普遍流行之观点的影响，例如他与当时许多思想家一样，将儒家理想与卢梭“主权在民”的理念结合在一起，以为民主是“合私以为公”，所以他对民主的看法多半(但不完全)合于拙作《自由的所以然》中所谓清末民初民主思想所具有的特点，其中偏离主流思潮的部分则表现出严复思想的特色。这一特色与严复受到明清以来反理学，重经世、实学与史学的思想影响密切相关，他又受到以儒家为主的家庭伦理的观念，以及诸子学兴起的影响，因而具有一种比较调适、保守的想法。

总之，我认为严复的自由思想和他的翻译一样，反映出他对西方自由主义有所认识，亦有所误解，而严复的误解与他所主动地依赖传统资源而建构的自由社会的理想有密切的关系。因此严复思想表现出两个重要的面向：一个是被动的角色，他尝试了解西方，再将之介绍给中国读者；一个是主动的角色，他企图融合中西思想而建构出自己的思想体系。

笔者认为严复的自由思想显示他对个人自由与尊严有所肯定，但这一种肯定与弥尔主义肯定个人自由的推理并不相同，所以我们可以说严复更改了弥尔关于个人自由的所以然，而提出另一个具有中国特色的所以然。换言之，严复对弥尔自由思想的误解只是一个面向，此一面向与另一面向，亦即严复强烈地肯定一个植根于传统的自由社会之构想，其中对自我的尊重与对真理正道的坚持，是交织在一起的。这样一来，严复对自由的看法既不同于弥尔式自由理念所主张的“己重群轻”，也不像史华慈所说将个人自由视为达成具有“浮士德 - 普罗米修斯精神”之国家主义的工具。他在上述的两种选择之外，提出第三种群己平衡的观点。所以他对弥尔的误解同时也是一种对弥尔的批判。而且无论严复的观点是有意地创造的，或是无意间酝酿出来的，都是十分有意义的政治思想。

当代思潮的走向显然颇为配合严复的想法，随着近年来“告别革命”理念之抬头，李泽厚、刘再复等人开始放弃20世纪以来激烈的、乌托邦的革命观念，严复的想法因而受到许多人的肯定。人们不但接受他的爱国思想，企求国家富强；肯定他以继往开来的精神吸收新知、保存传统；而且认同他对国家未来的设计，以调适、渐进的方式追求自由、民主，但要避免西方以个人主义为基础的自由主义。

当时的思想界，曾深受严复的影响，而思想内涵与之十分类似的人是梁启超，然而严、梁两人对未来中国的构想在近代思想史上却成为“一个被放弃的选择”。整体观之，严复的构想倾向改革派，与清末革命派，乃至后来“五四”反传统主义者的观点大异其趣，反而与后来新儒家思想中尊重传统，并会通中西的角度较为接近。

当代宣传新权威主义的一些学者也在严复思想之中发掘出历史的智慧，如萧功秦就说，严复所代表的“渐进主义在批判激进主义与国粹主义过程中，在深入认识中国现代化的长期性、复杂性和艰巨性的基础上，为后人留下了一笔值得重视的思想财富”。

道家思想与自由主义之会通

严复是以传统的心灵架构为基础，来了解西方思想的，同时他也以得自西方的进化论、自由主义等观点来批判、诠释传统。这是他一生一以贯之的思想特点。此一中西交融互释的观点，在他对道家思想的诠释之中，充分地反映出来。

在1906年所撰《政治讲义》第五讲，严复即谈到中国传统之中，从来没有“民得自由，即为治道之盛”的说法，而较为接近的，要属黄老之说了：

> 且中国治世，多在纲举目张，风同道一之时，而黄、老清静无扰之术，间一用之，非其常道。最可异者，近世新学之士，一边于西国自由之说，深表同情；一边于本国黄老之谈，痛加诋毁，以矛陷盾，杳不自知。笃而论之，此等论家，于两义均无所知而已。

严复虽然没有明讲，但此处他所批评的“新学之士”正是梁启超。由此可见严复将西方自由的观念与黄老“清静无扰”相提并论。这样的想法在他评点老庄思想时更清楚地表现出来。严复评点《老子》始于1903年。他的学生熊元锷（1879—1906）在该书《叙》中提及：

> 癸卯，余在京师，出所评《老子》，就吾师侯官先生諟正。先生为芟薙十九，而以己意列其眉。久之，丹黄殆遍，以王辅嗣妙得虚无之旨，其说亦间有取焉。受而读之，大喜过望，南旋，持示义宁陈子。陈子亦绝叹，以为得未曾有，促余刊行，后复议先生附益千数百言。顷来东瀛，遂钞付活版公于世。

1905年8月，熊元锷于日本东京将此书付梓。当时梁启超在东京主持《新民丛报》，梁任公主张积极进取，反对老子“不为天下先”、守雌无为的想法，与严复的老子观有所不同。严复此书的目的之一即批判梁任公等新学之士的老子观，或许因此缘故熊元锷选择在东京出版此书。

严复评点《庄子》最早是在1912年，该书后为友人借去不还，严氏因此怏怏不乐；1916年再批。目前流传于世的是由曾克端印行、严氏在马其昶《庄子故》上的评语，名为《侯官严氏评点庄子》。严复对老庄的评点具有多方面的意义，然而最突出的一个特点是将老庄思想与西方自由民主理念相会通。

严复认为老子崇尚自然、向往小国寡民之政治理想的精神，是配合孟德斯鸠所描写的“古代民主”制度；他又说相对于中国古代专制政体所采用的儒家之术，老子思想是民主的。然而，对严复而言，老子哲学与近世哲学亦有其差异，这主要在于老子所追求的简单淳朴的社会，是反进化的，也不适合目前中国的情况。在现代广土众民的国家，要依靠代议民主才能达成国家富强的目标。总之，在老子思想中，严复看到类似西方古代城邦政治那样民主的萌芽。

严复在庄子思想之中，则不只是看到“民主的萌芽”，他认为庄子所谈的内容，至少在精神上，与西方的自由、平等、博爱、民权等学说是一致的。他在给熊纯如的一封信中谈道：

> 平生于《庄子》累读不厌，因其说理，语语打破后壁，往往至今不能出其范围。……庄生在古，则言仁义，使生今日，则当言平等、自由、博爱、民权诸学说矣。

在评点《庄子》时严复更明言，“挽近欧西平等、自由之旨，庄生往往发之，详玩其说，皆可见也”。

严复特别强调《庄子》中的自由精神。他在《庄子》之中所看到的“自由”，用庄子的话来说是“在宥”(自由自在之意)。严复认为庄子在这方面的想法有两方面的意思：一是上位者采取自由放任的统治方法，凡是可以放任人民自由之处，即应给予自由；一是下位者应自立自强，成为尽责任与重义务的“国民”，这样一来就可以期望整个社会逐渐地达到民生进化的目标。此种中西会通式的诠释是中国历代评注《庄子》的传统中所未有，然而与清末康有为注释《孟子》等书的方式倒很类似。例如在《应帝王》篇的评语中，严复说：

> 此篇言治国宜听民之自由、自化……郭注云，夫无心而任乎自化者，应为帝王也。此解与晚近欧西言治者所主张合。凡国无论其为君主，为民主，其主治行政者，即帝王也。为帝王者，其主治行政，凡可以听民自为自由者，应一切听其自为自由，而后国民得各尽其天职，各自奋于义务，而民生始有进化之可期。

在《天道》篇的评语中严复也有类似的看法，他以为在一个理想的国家之中，上位者要给予国民自由，而国民则应在此自由的环境中，尽其天职与义务。

上引的两段文字都是从较广泛的角度，将庄子的思想与西方自由观念会通在一起，指出政府自由政策的实施与人民自主精神的培养（“国民”建构）之重要性。然而，严复并没有仔细地讨论到底什么领域，上位者可以“听民自为”，以及为什么任民自由，即可进化。

就这些问题来说，在《庄子》评点的其他部分，严复简单地提到经济活动的自由。这个看法显然是受到亚当·斯密等人的影响，以为最好的政治体制是让每一个人追求自身的利益，而最后有一只“看不见的手”会自我调节（自然的经济秩序），而促成社会的繁荣与和谐。严复在评《在宥》篇所谓“故君子不得已而临莅天下，莫若无为”一段时说：

> 法兰西革命之先，其中有数家学说正复如是。如 Laisser Faire et Laisser Passer（译言：放任放纵）。乃其时自然党人 Quesnay 契尼（号欧洲孔子）及 Gournay 顾尔耐辈之惟一方针可以见矣。

弗朗斯瓦·魁奈（Francois Quesnay，1694—1774）是一位功利主义的经济学者，他反对政府干涉经济法则的自然运作，对他来说，每一个人是他自己利益的最佳仲裁者，所以使人们快乐的最好的方法，是尽量减少对个人自发行为的限制。温森特·德·古尔内（Vincent de Gournay，1712—1759）也宣扬自由贸易，反对独占，是一位支持自由放任政策的学者。严复认为他们的想法与“庄生之论为有合也”。

严复对财富分配的看法显然是较接近维护私有财产的资本主义，而非讲究财产平均与土地国有的社会主义，在评论《齐物论》一篇时，他表示“物有本性，不可齐也”；在《民约平议》

一文中也说“孟子曰：‘物之不齐，物之情也’，物诚有之，人尤甚焉”。这样的观念使他对马克思主义（与激烈的社会主义）持批判的态度，严复对俄国的共产革命中“破坏资产之家，与为均贫而已”的行为深表痛恨，将之比拟为明末的李自成、张献忠。由此可见，就经济领域而言，在自由与平等两者之间，他是较强调自由的。

严复认为道家“无为”思想不但与西方自由放任的经济政策配合，它与个人主义的精神也是一致的。在此则涉及严复对杨朱“为我”思想的推崇。在《在宥》篇黄帝问广成子“敢问治身，奈何而可以长久”之上，严复写道“此乃杨朱为我三摩地正法眼藏”，接着严复就怀疑庄周即为杨朱：

> 尝谓庄子与孟子世当相及，乃二氏从无一言，互为评骘，何耶？颇疑庄与杨为叠韵，周与朱为双声，庄周即《孟子》七篇之杨朱。

在《庚桑楚》篇也说：“庄周即不为杨朱，而其学说，则真杨氏为我者也。”严复并表示孟子将杨朱视为洪水猛兽的批评是很不恰当的，带有对杨朱思想的一种偏颇与肤浅的认识，孟子只看到“拔一毛利天下而不为”的一面，却没有看到“悉天下奉一生不取”的一面。严复强调，如果每个人能像杨朱所说的，做到自修自治，则天下可治。上述肯定杨朱、批评孟子的观点与清中叶诸子学的兴起有关系，亦即随着学者对诸子思想的研究，儒家传统受到动摇，从前受儒者批判的杨朱（以及下面会谈到的墨子），因为符合西方的一些理念，被重新挖掘出来而赋予了新的意义。以此例而言，严复显然是要借着对庄子/杨朱的重新诠释，来强调个人追求自我发展与自我利益的重要性。

严复在将杨朱思想作重新评估之时，必须要对传统观念中将杨朱说成自私自利的说法加以驳斥。所以他提出，杨朱的说法虽然强调“为我”，但这并不等于“私”，而是为了针对儒家仁义之说，无法压制人们追求“利”的热诚，却又助长了伪善的风气，所提出的解救之道。

上述的看法显示严复借着对庄子/杨朱思想的重新评估，而肯定自我的价值，亦即一个人可以一方面“为我”，努力追求自我发展与自身利益，另一方面又能避免自私自利。强调“我”与“私”的分别化，显示在严复思想中，到某程度，追求自我利益与发展是有终极价值的。

总之，对严复来说，杨朱的学说是西方的“个人主义”，相对而言，墨子之道则为西方的社会主义。

严复大力肯定杨朱式个人主义可以说明他对西方individualism（个人主义）精神的推崇。然而，同时他又对道家（与杨朱）末流过度环绕着自我的想法感到不满，认为他们忽略了个人对群体的责任。严复批判的出发点是我多次强调的群己之间的互动与平衡。对他来说，群己平衡的观点不但奠基于儒家传统，尤其是《大学》修身为治国、平天下之基础的想法，以及斯宾塞所谓“健全的国家是由德、智、力兼备的个人所构成的”，而且也是道家的真精神。他在总评《庄子·内篇》的思想时就开宗明义地表示，庄子并非“出世之学”，而是讲求“群己之道交亨”。严复据此而批评：道家思想所产生的流弊是只重视个人“乘物而游”，却不负担应尽的社会责任（严复称之为“天职”“义务”），亦即只重出世，而不重入世。例如魏晋时代的一些道家人物，如王衍、何晏就表现出这种缺点。

再者庄子 / 杨朱思想中与上述流弊类似，而更严重的另一个缺陷是：国人只取其“拔一毛以利天下不为”的一部分，却不顾“悉天下奉一生不取”的一部分，因而自私自利之风非常盛行。严复对杨朱式“个人主义”之流弊的批评也与他对墨子思想的赞扬是相关的，他认为要医治偏颇的杨朱式的个人主义，不能依靠儒家思想，而要依靠墨教，因为上述自私自利的疾病。此处所说墨教的精神主要指其兼爱说，以及福善祸淫观念所具有的宗教制裁力。严复在翻译孟德斯鸠《法意》一书时，也谈到对墨子思想的类似看法，在有关斯多葛派所谓“其所皇皇者，以拯救社会为唯一天职已耳”一段后，严复有如下的按语：

> 吾译此章，不觉心怦怦然，汗浃背下沾衣也。夫孟子非至仁者欤，而毁墨，墨何可毁耶，且以其兼爱为无父，又以施由亲始为二本，皆吾所至今而不通其说者也。

这是严复在清末对所谓革命志士假借“团体”“运动”之名而追求私利的针砭。

严复对庄子 / 杨朱思想之流弊的批评，和他对墨子思想的推崇，必须要合并考察。他肯定杨朱思想中“为我”的精神，以为人人“自修自治”则天下治；但杨朱思想易于导致的缺点，则是不顾个人对群体的责任，又往往被扭曲为只知追求自私自利的想法，所谓“置人于至危所不顾”，因此需要以墨子“兼爱”思想来配合，才能挽救人们熙熙攘攘的追利之风。总之，杨朱与墨子的结合，或所谓 individualism（个人主义）与 socialism（社会主义）的并重，是严复从评注《庄子》所反映出其群己观之特点。以上的讨论再次显示，在群己关系的课题上，严复群己平衡的思想与弥尔那种比较强调自我的个人主义思想是不同的，而先秦诸子中的道家与墨家思想，则加强了他在这方面的信念。

再者，严复将老庄思想与西方自由主义、个人主义相会通在一起的做法，也再次显示传统背景对他认识西方的深刻影响。这样会通式的了解，无可避免地带有对“西方”的误会，特别是模糊了老庄思想与西方自由主义的一些根本差异。张佛泉与柏林都曾区分两种不同的“自由”的概念。张佛泉说人们所说的自由有两种指称：一种是指政治方面的保障，此一指称的自由又称为权利；一种是指人类内心的某种状态，凡是自发的、主动的、内心的自由生活或理论，都包括于其中。柏林则将自由分为“消极自由”与“积极自由”两类，前者指免于某种形式的约束或压迫的自由；后者则指个人要成为自己主人的期望。从上述的对照来看，道家所企求的“自由”，是指张佛泉所说的第二种指称的内心生活的自由，与柏林所说的积极自由，它与这两人所谓“作为权利的自由”或“消极自由”是不同的。张佛泉很敏锐地指出：

> 我们竟将多年来汉文中的“自由”一词（只有第二种指称下的意义）来概括西人的第一指称和第二指称下的自由。这便是我们在企图了解西人第一指称下的自由时，所遇到的语意上的极大困难。

严复心中显然并不存在张佛泉与柏林所说的两种自由概念的区别，在此情况之下，老、庄、杨朱所标举的内心“自由”的状态，与西方自由主义、个人主义从权利角度所强调制度保障下的“自繇”和斯密所说的“自由放任”政策，才能会通在一起。这也显示严复对西方自由主义传统的一些基本观念如权利（rights）、自我利益（self-interests）等概念的了解是不充分的。

然而我们也不能说严复对这两类自由的差异全无体会，他在《群己权界论》一书的《译凡例》之中曾说自由的概念：“视其字依西文规例，本一夲名，非虚乃实。写为自繇，欲略示区别而已。”其中“非虚乃实”一语显示严复似乎体认到弥尔所说的 liberty 并非抽象的精神方面的状态，而是具体的、作为实际政治保证的条目。无论如何，严复对弥尔自由思想的认识有许多层面，他将道家思想与自由主义会通，是为了以一套中国人所熟悉的语言与概念，来增加国人对西方观念的理解；另外他也尝试以西方的观点来回观传统，而挖掘出传统的新意。

严复的经济思想

严复的自由思想也包括经济活动的自由。他在翻译亚当·斯密的巨著 *The Wealth of the Nations*（《国富论》，1773）之中系统地表达出他的想法，严复将此书命名为《原富》，意在凸显国家应如何由求富而得强。严复之所以在晚清（根据严复手批英文本，他在1892年4月购得此书，翻译时间是从1896至1901年）翻译这一本提倡"最小政府""自由放任""追求个人利益"，反对"重商主义"（16—18世纪时的经济学说，主张国内政府对经济的干预和控制，使国家富足与强盛）、反对保护主义和专卖独占的书，并非"找错了医生，开错了药方"（赖建诚语），而有其特殊的用意。

《国富论》盛行的时代，正是英国富强的鼎盛期，此一榜样对严复深具吸引力，并与弥尔所强调的"个人自由""群己权界"的政治理念相互配合。他认为追求国家的富强不应单方面提倡直接促成富强的商业行为（如重商主义的政府干预与保护政策），而应注意到斯密所谓的“看不见的手”定理，以及他的终极关怀，亦即追求最大多数人的最大福祉。斯密认为个人虽无意促进社会的利益，但在市场机制之下，人们各自追求自身的利益，要比主动想促进社会利益的做法，更能有效地促进社会的利益。严复很忠实地在有关“看不见的手”一段的译文之中表达此一观点：“彼之所各恤者皆己私，而国莫之为，遂享其大利。且国之利，岂以彼之各恤其私而或损哉，惟民恤其私而国以利，其利国乃愈实”，这是对斯密思想的翔实翻译。

这一套制度是以他所译介的西方独特的“开明自营”（enlightened self-assertion）观念为基础，亦即肯定个人可以追求自身利益，而此一追求不会与道义与公利发生冲突。严复认为这是他从斯密书中所看到的“人道绝大公例”，亦即“盖未有不自损而能损人者，亦未有徒益人而无益于已者”。此一公例为严复对己他关系的深刻体会。

在《天演论》的按语中，严复首先辨明东西方固有的价值大抵上都强调“正其谊不谋其利，明其道不计其功”“以功利为与道义相反，若熏莸之必不可同器”，但是西方近代以来由于“生学”和“计学”（经济学）的发展，一方面了解到“自营”（追求自身利益）是生存的基础，另一方面随着民智的提高更产生了“开明自营”的想法：

> 今人则谓生学之理，舍自营无以自存。民智既开之后，则知非明道则无以计功，非正谊则无以谋利，功利何足病，问所以致之之道何如耳。故西人谓此为开明自营，开明自营于道义必不背。复所以谓理财计学，为近世最有功生民之学者，以其明两利为利，独利必不利故耳。

严复翻译《原富》一书的动机即源于此。严译此书的目的之一是破除儒家“讳言利”“分义利为二”之习，他说西方旧有的看法与儒家类似，其“用意至美”，结果却是“于化于道皆浅，几率天下祸仁义矣”。但是在“天演学”与“计学”兴起之后，西方人有一突破，了解到利与义能够相互配合：

> 计学者首于亚丹斯密氏者也。其中亦有最大公例焉。曰大利所存，必其两益，损人利己非也，损己利人亦非；损下益上非也，损上益下亦非。其书五卷数十篇，大抵反复明此义耳。
>
> 泰东西之旧教，莫不分义利为二涂，此其用意至美，然而于化于道皆浅，几率天下祸仁义矣。自天演学兴，而后非谊不利非道无功之理，洞若观火，而计学之论，为之先声焉，而斯密之言，其一事耳……庶几义利合，民乐从善，而治化之进不远欤。呜呼，此计学家最伟之功也。

借着引介西方开明自营的观念，严复其实在强调自我可以追求一种与道义配合的个人利益，这样的想法与西方自由主义者所谓追求 legitimate self-interest（既合法又合理的个人利益）的想法非常类似。但是两者之间还有一些十分细致的区别，严复所肯定的“自营”是以道义为前提，并且奠基在群己平衡，两者可以携手并进、不相冲突的观念之上；而西方自由主义者所肯定的在民间社会中，既合法又合理的 self-interest 的追寻是“个人从宗教、伦理以及强制性的政治限制之中解放出来”，具有自我与他人，或自我与群体之间有重大的利益冲突的预设。这样一来，严复虽然肯定开明自营，但还是无法欣赏与肯定超越公与义的私与利，更谈不上以 selfish interests（私利）作为政治理论的起点。这样的想法与严复认为民主是“合私以为公”，以及他对政党为追求私利的批判，都联系在一起。

严复认为最能保障此种开明自营之精神的经济制度是以斯密式的资本主义体制，实行自由贸易之策。（此处所说的资本主义指一种多半以市场系统为基础的现代经济体系。所谓市场系统是哈耶克所说的经济自由，亦即能够以法律来保障以下的三点：“建立契约的自由，私有财产的绝对保护，以及赔偿他人因为自己错误而受到伤害的义务……即一种没有诈欺、骗局与暴力的利伯维尔场。”）这样的经济观念与弥尔对经济的看法有所不同（弥尔有较强的社会主义之倾向），但是却配合自由民主传统对经济制度的看法。

严复不但在清末翻译亚当·斯密《原富》一书，鼓吹自由放任思想，认为自由贸易能够带来繁荣与稳定。在他晚年评点《庄子》时仍持此一看法。严复在《庄子》评语中表示最好的政治体制是让每一个人追求自身的利益，最后自然的经济秩序会自我调节，而促成社会的繁荣与和谐。

从资本主义自由放任的立场出发，严复反对追求财产平均与土地国有的社会主义。1919年11月严复在写给友人熊纯如的信中，对俄国十月革命中“破坏资产之家，与为均贫而已”的行为深表痛恨，将之比拟为明末的李自成、张献忠：

> 欧东过激党，其宗旨行事，实与百年前革命一派绝然不同，其党极恶平等、自由之说［按：此处是指他们反对法国革命所揭橥的自由、平等］，以为明日黄花过时之物。所绝对把持者，破坏资产之家，与为均贫而已。残虐暴厉，其在鄂得萨［按：指乌克兰南部的海港 Odessa］所为，报中所言，令人不忍卒读，方之德卒入比，所为又有过矣。（自注：其政体属少数政治）足下试思，如此豺狼，岂有终容于光天化日之下者耶？此如中国明季政窳，而有闯、献，斯俄之专制末流，而结此果，真两间劫运之所假手，其不能成事，殆可断言。

由此可见，就经济领域而言，在自由与平等之间，他较强调斯密主张的自由经济，而反对以暴力的方法，实现俄国式的、重视平等的社会主义体制。这样的经济主张不但受西学影响，也很可能与严复所属士绅阶层的社会背景有关系，他对由社会下层所发动，追求平均财富的社会运动有所疑惧。

然而严复并非不重视平等，他所肯定的平等是人民力、智、德方面的平等（“其所谓平等者，平于为国民也”），此一看法类似孙中山所说的“立足点的平等”。严复也和孙中山一样，反对齐头式的平等，他认为一个社会之中很自然地会有些人较富贵，有些人较贫贱，如勉强地追求平等，将会使这个社会丧失掉激发人们追求富与贵的各种精神价值，他预言这样的国家在世界舞台上必将成为至贫至贱之国：

> 顾平等必有所以为平者，非可强而平之也。必其力平，必其智平，必其德平，使是三者平，则郅治之民主至矣。不然，使未至而强平之，是不肖者不服乎贤，愚者不令于智，而弱者不役于强也。夫有道之君主，其富者非徒富也，以勤业而富，以知趋时而富，以节欲而富。其贵者亦非徒贵也，以有德而贵，以有功劳而贵，以多才能而贵。乃强为平者曰，是皆不道，吾必铲之以与吾平。夫如是，则无富贵矣，而并亡其所以为富贵者矣。夫国无富贵者可也，无所以为富贵者不可也。无所以为富贵者之民，而立于五洲异种之中，则安能不为其至贫？又安得不为其至贱者乎？

上面的话足可充分反映出严复的经济理念。总之，严复理想中的经济体制是资本主义式的利伯维尔场，这样的看法与他肯定自由民主的政治体制是相互配合的。

学界对于严复的经济思想有不同的诠释，并提出批评。其中赖建诚所著的《亚当史密斯与严复：国富论与中国》（台北：三民书局，2002）一书是从经济史的角度对严译《原富》所做的一个深入探讨。作者认为斯密的《国富论》在西洋经济史上有开创性的地位。在近代中国思想启蒙的阶段，严复以“译文虽美，而义转歧”的节译与丰富的按语介绍此书具有重要的意义。

根据赖建诚的研究，当时中文在词汇与概念这两个层次上，都不足以统摄另一种文化的思想体系；而严复所受的专业训练（英国海军）也不足以让他能够认识并评论《原富》之要旨与学说的内在理路，因而在翻译《原富》时出现“误译与扭曲”。赖建诚所举的例子主要是“名词和术语”方面，如一些经济学的概念像 law of diminishing return（报酬递减法则）严复译为“小还例”；point of maximum return（最大报酬点）则译为“大还限”。又如一些新的语词像 bank 译为“版克”，city 译为“锡特”，赖氏认为这些译词对读者来说并不容易了解。其次“他未去查明原文中的人名所代表的意义，他只音译出名字，而未说明此人的重要性”；“他用他的英语发音去发非英国的人名地名”。在按语方面赖建诚认为严复依赖简单供需理论或常识来借题发挥，严复的按语是“即兴式”，毫无系统与组织，并有“语意膨胀”的倾向。

其次赖建诚针对严复在此书中所提出的自由经济政策提出批评。他认为清末在帝国主义压迫之下的“积弱的经济”并不适用斯密的政策，因为“要追求全国富强，所应学习的对象，应该正好是《国富论》要打倒的‘重商主义’”，“以当时中国的‘病情’，应该去找德国、日本等有过‘同病’的医生，开出‘重商、保护’的药方”，引介德国学者李斯特（Friedrich List, 1789—1846）所提倡的“国民经济”说，实施保护关税，才较合情理，而不是宣扬斯密所主张的自由放任思想。

赖建诚对严译原富的批评与梁启超的看法很类似。任公在《绍介新著：原富》（1902）一文中虽然并不否认严复翻译此书在帮助国人认识西学上有其贡献，但梁氏对斯密的自由放任政策及其在中国的应用却不表赞同。他认为斯密自由理论所针对的是重商主义极盛之后的政府干涉政策，此一看法适合当日欧洲，却不适合20世纪初年的中国。在他看来适合中国的是一方面国内实行自由企业，放任民间自由发展；另一方面又有很强的政府干预来保护与奖励商业、维持秩序，以利国际竞争。所以就国家角色而言，他肯定重商主义的保护政策，以为“重商主义……若移植于今日之中国，则诚救时之不二法门”，而不赞成实施斯密的自由放任政策。整体观之，梁启超经济思想的特色是干涉与放任的结合，同时肯定重商主义与自由放任，他明白表示“今日中国之弊，在宜干涉者而放任，宜放任者而干涉。窃计治今日之中国，其当操干涉主义者十之七，当操放任主义者十之三”。

当时中国应该实行何种经济政策无疑地还有辩论的余地，因为在今日的学界，亚当·斯密的理论得到许多经济学者很高的评价，他们以为自由经济制度是走向富裕的重要方法。例如美国学者马若孟所编辑的一本《二十世纪的国富论：经济发展的政策与制度的决定因素》(Ramon H. Myers, ed., *The Wealth of Nations in the Twentieth Century: The Policies and Institutional Determinants of Economic Development*, Stanford: Hoover Institution Press, 1996)强调自由企业(及其他因素)是发展中的国家追求经济发展的一个重要条件。如果我们接受此一说法，那么梁启超与赖建诚对亚当·斯密论点不适合中国的论断或许是可以被质疑的。同时市场的自由度与国家管控之间(梁启超所说的干涉与放任)如何达到一个平衡也是一个值得思索的问题。

严译斯宾塞之社会演化论

大多数社会学史的研究者都同意，英国社会学家斯宾塞是与孔德（Auguste Comte, 1798—1857）、涂尔干（Émile Durkheim, 1858—1917）、韦伯（Max Weber, 1864—1920）等人齐名的现代社会学奠基人物之一。他在1877年所出版的三卷《社会学原理》，是历史上首次旗帜鲜明地讨论社会学分析的系统性研究。斯宾塞主张，社会学研究的领域包括家庭、政治、宗教、社会控制、工业或职业。此外，还应该研究社群的结合、分化、阶层化等。他也强调社会学须研究社会之整体，以及各种社会要素之关系，并说明个人如何影响社会群体，又如何反过来受到群体的影响。

严复对斯宾塞的认识应起于1870年代晚期，他在英国皇家海军学院读书之时。返国之后，于1881至1882年，严复开始比较系统地阅读斯宾塞的著作，深受其启发而了解到“辄叹未曾有。生平好为独往偏至之论，及此始悟其非”。到了1887

年底及1888年初时，严复以《斯宾塞尔劝学篇》为名，翻译了斯宾塞《社会学研究》(*The Study of Sociology*)的第一章《我们对它的需要》"Our need of it"，发表在天津出版的《国闻汇编》旬刊第1、3、4册之上，名为"论群学不可缓"，以彰显学习斯宾塞学说之重要(后来出版《群学肄言》中的《砭愚第一》)。1895、1896年间严复写《原强》一文之时，又提到《劝学篇》，他说"《劝学篇》者，劝治群学之书也"，而且"群学治，而后能修齐治平，用以持世保民以日进于郅治馨香之极盛也"。

"劝学"的观念，出自《荀子》，严复征引《荀子》显示他在思考劝治群学时，援引了荀子的思想资源。然而，"劝学篇"此用语，在中国近代学界的声名却不是因为严复，而是出于福泽谕吉(Fukuzawa Yukichi, 1835—1901)与张之洞(1837—1909)。1880年，福泽谕吉在日本出版了《劝学篇》鼓励新思想，并引起极大的反响。1898年4月，张之洞发表了他最著名的作品《劝学篇》，并于其中提出"中体西用"的观念。其后，此书不但通过官方的管道流传于各地，还立即被节译为英文，并在1900年的《纽约时报》上受到热烈推荐，被评为"中国人六百年来所写的一本最杰出之书"。

张之洞《劝学篇》之名称可能受到严复"劝学"观念之启发，引导他援用荀子的语汇来阐述其核心理念。事实上，若我们比较严复和张之洞的观点，就可发现严复的看法与张之洞著名之"中学为体，西学为用"颇有相似处。例如，两人均采取温和渐进的“调适取向”来实现目标，只是两人对传统中学之比重有不同的看法。对严复而言，现代中国生活的基础中，传统因素有重要价值，然其所占之范围却比张之洞所设想的要为狭窄。

严译《斯宾塞尔劝学篇》发表后，严复继续进行斯宾塞《社会学研究》的翻译工作，直至1903年完成，定稿后依照《荀子》“人之贵于禽兽者，以其能群也”而命名为《群学肄言》，交由文明书局出版发行。《群学肄言》首刷即印行了6000本，而它受欢迎的程度，也反映在盗版猖獗的情况上。如湖南、广东与江苏等地，均出现许多盗版书刊。1908年，严复将版权转给商务印书馆，此后直到1919年，该书至少发行了10版。从这可观的刊行数量来看，严译《群学肄言》应曾广泛流传于清末民初的知识界。

然而，市场的高销售量亦使《群学肄言》受到批评。严复的译作遭时人诟病之处有二：一、书中运用太多难以理解的词汇，这使得该书“文笔淤漫”，不易阅读；二、中英习俗不同，读者“程度”亦异，致使有些人认为，斯宾塞的概念对中国社会来说是不合时宜与不足为法的。不过，若除去这些缺失不论，严译此书的确曾发挥了不小的影响力。

不少读者即对该书持肯定的态度，表示阅读《群学肄言》使他们获知许多有关社会学的新观念。这些观念可被概括为严复社会学思想的四项特点。一、科学方法：严复引介了科学方法来探究社会现象，这不仅能帮助人们掌握人类行为的因果关系，还能进而制定出明智的政策。二、线性演化的观点：进化是社会演变的一种客观定律，无论自然世界或人类社会的运作皆无法避开如“物竞天择，适者生存”等法则，其主导了人类历史上的成败、得失。三、社会有机体论：根据该理论，一个社会是由许多彼此相关之个体所组成的有机体，其中个体素质的高低，决定了其所组成社会整体素质的高低。四、批判传统并实行新策：例如借由提出斯宾塞的社会起源论，严复的社会学思想对传统观念里的“圣人”在历史演变中之地位展开批判，并且转而提倡以渐进调适方式，培养国人的“民德”“民智”“民力”，作为中国改革事业的重心。

从文本内容与读者的回馈可见，严复在《群学肄言》的翻译之中，不但引介原书要旨，也借机放入诸多不同评论。在这方面我们需要从严复对斯宾塞思想，以及修正斯氏的赫胥黎理论之理解谈起，就此而言，我们必须同时考察《天演论》与《群学肄言》乃至《社会通诠》等书，方能了解严复对社会演化论的看法。严复对西学的理解与其中国传统思想背景是交织在一起的。严复运用中国传统中的一些观念，去诠释赫胥黎与斯宾塞的想法，来了解“天”和“人”的关系，及由此衍生的演化原理、群体关系、圣王观念等。

其思想根源主要有二：一是《易经》与邵雍（1011—1077）的“运会”观（邵雍以“运会”来解《易》）。严复用《易经》

中“运会”观念，理解、诠释赫胥黎的演化观。他在《天演论》中说明递嬗之变迁，即“世变”或“运会”，“运”指大的发展趋势，“会”则是面临的情境，两者结合即历史演变的过程：“运者以明其迁流，会者以指其遭值……物变所趋，皆由简渐繁，由微知著。运常然矣，会乃大异。”严复又指出：“言其要道，皆可一言蔽之，此其道在中国谓之易，在西学谓之天演。”对严复来说，社会演化就是《易经》的“运会”。

严复的第二个思想资源是荀子思想。《荀子》对严复的影响表现在四个方面：一、“群”与“群学”的概念；二、“解蔽”的想法；三、天人关系；四、由天人观念推演而出的新的“圣王观”。

在味经本《天演论》中，严复在译文中曾多次征引《荀子》的文句。其后虽因吴汝纶的建议，才删去了这些内容。现在版本的《天演论》里，《荀子》的观点只出现在按语中，不在正文之内。然而，这些被删除的文字，可被视为译者对赫胥黎思想最初的想法，并反映《荀子》在严复理解西学上的重要性。

首先，严复用“群学”而非日本学界所用的“社会学”来翻译 sociology（后来“社会学”取代了“群学”成为标准译名）。严复在该书序言开宗明义地说“群学何，用科学之律令，查民群之变端，以明既往测方来也”。他从《荀子》所谓“民生有群，群也者，人道所不能外也”来理解 society 的意义，而认为“群有数等，社会者，有法之群也”，而最大的群就是“国”。这样一来“群”的意涵要比“社会”来得广，也更配合斯宾塞一书之范围。

严复另一个援引荀子思想之处，是用“解蔽”的概念来理解斯宾塞社会学的方法论。斯宾塞在《社会学研究》中，谈论社会科学方法论如何来消除个人研究障碍。严复对此进行翻译时，采纳了荀子“解蔽”的观点。在《群学肄言》内，严复将斯宾塞“客观的蔽害”译作“物蔽”，“主观的蔽害”译作“蔽于心习”。对严复这种连结斯宾塞与荀子关于“个人偏见之蔽害”的做法，社会学家潘光旦（1899—1967）于1946年发表一篇《荀子与斯宾塞论解蔽》，来阐述其关联性。潘氏指出，荀、斯二氏，对如何消除个人偏见之害的看法非常相似。

荀子的观念也影响了严复对赫胥黎对天人关系的认识。首先，在《天演论》中，赫胥黎有“演恶”一章，他说“民有秉彝，而亦天生有欲。道心人心，同时并赋，而不能以独存。故以天演论化，尚矣。然而善固演也，而恶又未尝不演”，对上述的观点，严复认为荀子对人性的看法与此可相互发明，荀子认为人类“为善”不是天性，是“人为”。

由此可见，严复所理解的群学或社会演化论不但有生物方面的基础，也有人性上、心理上的基础。在上述人性论基础上，关于“秩序”的建立，要如何进行呢？就此，严复也是在《荀子》基础上进行论证。此种对天人关系的构想，亦即“治化”与“天行”相对之观念，深深影响了严复对赫胥黎、斯宾塞的取舍和认识。由此可以理解严复思想中，糅合斯宾塞“任天为治”与赫胥黎“以人持天”的观点。

在治化与天行相对下，人能扮演何种角色呢？严复在《群学肄言》中论及的“天人关系”，也与《荀子·天论》中的观点一致。荀子认为“明于天人之分，制天命而用之”，此即意味，人们必须先明白天人分际后，方能应制天命。严复的思想显示他并未全然接受决定论，其立场是徘徊于决定论和唯意志论之间。换言之，严复乃依违于“天行”与“人治”之间。

不过，严复虽肯定荀子对天人关系的看法，却否定荀子的“圣王观”。严复认为荀子对“圣人”的看法，仍偏向传统的观念。圣人之于严复，并非全能全知的领袖，而是像一名好的园丁，擅长于管理花园。这在东、西方世界均能发现相同的例子。严复对圣王观念的诠释，标志了中国传统之“圣王”的近代转变。他在《辟韩》一文，最早对传统圣王观展开批判。严复反对“为之君，为之师”的圣人，转而从“通功易事，择其公且贤者，立而为之君”，亦即从分工而合群的角度，讨论君臣之伦的基础。最后归结到“国者，斯民之公产也，王侯将相者，通国之公仆奴也”。此文的观点与《天演论》中“园丁之于花园”的叙述相似，同样将圣人的角色，从制器尚象、制礼作乐、转移世运的全知全能者，转变为一个管理花园的园丁，仅为对抗自然力量的一个角色。严复尝试指出，传统之圣王其实无法“移风易俗”，须趁近代以来学术逐渐改良之后，“真学之日优”方能给予“圣人”一个新的“济世”契机。

《天演论》内对“圣王”的诠释、评断，和斯宾塞对“伟人”的批评颇有相似处。此即上文所述“世运铸圣人，而非圣人铸世运也”的说法。严复翻译的斯宾塞《社会学研究》中，有一段为斯宾塞针对欧洲“伟人”(great man)与“英雄史观”之批评，认为伟人改造社会的前提，其实是社会先提供其改造的基础。

以上的内容显示，斯宾塞强调要了解“伟人与其生活环境”能彼此绾合的重要性。严复将此观点译为“世与人有相成之功”。此外，他还进一步指出，此种“天”和“人”相成之功，即天演进化之理。综上所述，受《易经》和《荀子》的影响，严复在译介赫胥黎与斯宾塞思想时展现出张灏所谓“人本意识与演进史观结合”的概念。以西方演化理论为基底，承认历史线性发展的潮流，并强调惟有透过人为意识的精神动力，才能向前推进。既然“人”扮演着如此重要之角色，那么，对“个人”特质的培养、训练就变得十分重要。从这角度来看，严复翻译《群学肄言》的目的就清晰可见。他希望通过此书，能对晚清人士说明斯宾塞那种个人主义式、渐进保守的政治思想，同时也认识到群己之间的密切关系，“小己之得失，其流及上……社会之变象无穷，而一一基于小己之品质”。但另一方面，严复对传统圣王观的批判，反映他所支持的不是专制，而是以人民为中心，而政治领袖均为“公仆”的自由民主与宪政体制。在《群学肄言》的前言中，严复即揭示“审重”和“咨于学”的重要性。严复又说，斯宾塞思想是“每持一义，又必使之无过不及之差，于近世新旧两家学者，尤为对病之药”，其意在批评那些过于保守者与盲目破坏的革命家。

此点实为严复终其一生所坚持的理念，是一种“中间路线”。严复终其一生都在为沟通中国与西方文化而努力，这是他一生所面对的挑战，企图为中国未来擘画出一张蓝图。他开辟出所谓“中间路线”(middle path)，不仅融合了中国与西方文化的特点，更免于陷入保守和激进革命之中的陷阱。从严复的思想形式与生活方式来看，这条“中间路线”是和中国传统之连续性与非连续性交织在一起的。

严复相当认同斯宾塞《社会学研究》的理论内容及其政治倾向。他认为此书含括传统中国经典《大学》及《中庸》所设定的行为准则，并确立从“格致诚正”起，至“修身”最后到“治平”的进程。能实现此一理想的方法，则是采取一种介乎激进与保守之间的中间道路，亦即严复译文中所谓“中庸之道”。简言之，严复所译介的斯宾塞社会学思想，是以“天人相成”的演化理论与群己关系、荀子“解蔽”的科学理念，配合以保守渐进的慎重手段，来实现民主宪政的政治理想。严复因此很自然地将《群学肄言》视为一方面翔实表达中国传统经典“格致诚正为治平根本”的“精义”，另一方面也是“真西学正法眼藏”，而“智育之业，舍此莫由”。

第三部分　政治与文化的抉择

严复政治思想的特点

清末民初之际，严复面对中国政治危机与文化修改的挑战，虽然大约自1902年以后，他越来越意识到激烈变革是一件很困难的事，而有转向“保守”的趋向，但是他的思想仍展现出高度的一致性。到底严复一贯坚持哪些理念呢？这些理念有没有将在文化、政治、经济方面采取调适取向的主张与西方弥尔式的自由主义、斯密的资本主义、斯宾塞的社会演化论结合在一起？如果没有的话，严复思想的面貌是否可以说是对公共议题的一个整合而独特的思考，而其特色是一部分是自由主义式的、一部分是非自由主义式的？

笔者认为严复思想的主要内涵可以从以下三方面来说明。

第一，如哈佛大学教授史华慈在《寻求富强：严复与西方》一书所说的，他是一位爱国主义者，有一个国家主义的目标，希望中国能臻于富强。

第二，上述的目标与严复所致力追求的一种自由与民主的理想结合在一起。此一理想有一部分是自由主义式的、一部分是具有中国特色的，而包括下面的观点：强调个人的尊严与价值；在“权界”的前提下主张群己平衡与群己并进；提倡自由地从道、舍生取义等积极自由，因而忽略某些消极自由；将积极自由奠基在以教育的方式塑造民力、民智、民德兼备的国民之上；认为教育是由在道德与知识上的先知先觉所领导的，至于一般人民“只可使由之，不可使知之”。这些观念预设了乐观主义的认识论，亦即认为真理是很明显的，而人类可以掌握此一真理，因而在某种程度倾向将道德、知识、个人自由、政治权力融合起来的看法。难怪严复乐观地以为民主制度可以合私以为公、斯密的自由经济体制则可以合义以为利，因而实现国人长久以来所追求的“公天下”的理想。

这样一来，严复自由思想的面貌与西方弥尔式的自由社会一方面有共同点，尤其是他肯定西方民主所实行的一些制度；但另一方面也有不少歧异之处。严复拒绝极端的个人主义，忽略弥尔主义所强调的某些消极自由，也不主张与之相关的、个人自由的范围应尽可能地广，因而不了解、也不接受西方自由主义基于悲观主义认识论的论证（对真理的彷徨），对卢梭将道德、知识、政治权力与个人自由融合起来的做法认识不足，有可能危害到个人自由，并有走向专制的危险。同样地，严复更为重视对公民的道德教育，而不那么强调让很容易犯错的公民自由地结合在一起，彼此论辩，追求各自的自我利益，因而形成一个能够对于往往是由不肖之人所形成之“中人政府”(这是与“贤人政府”相对立的一个想法)加以制衡的民间社会。借用金耀基的话，严复所求的是一种排除“西方个人主义”“西方的自由主义”的“民主”。更有甚者，弥尔在经济生活上为社会主义所吸引，而严复却无此一倾向，他接受资本主义的自由市场、自由贸易。

第三，为了能够避免完全接受弥尔的自由主义，达成一个基于积极自由与乐观主义认识论之原则，实施民主与资本主义体制的理想社会，严复所采取的是调适性的方法。他强调这些方法要从以历史经验为基础的后验性知识导引出来，所以严复到某种程度和梁启超一样，具有张灏所说的“幽暗意识”(人性之中有不可根除的恶的倾向)。严复认为民主社会的实现需要一些先决条件，而中国在“过渡时代”应通过威权统治来培养这些条件。这也就是说，严复拒绝依靠先验性的、乌托邦的思想体系，更反对以暴力方式达成彻底转变的革命主张。从此立场出发，严复大力批评卢梭思想，以及全盘西化论；同时，他所构思的调适性的改革，也超过了洋务运动与张之洞“中体西用”论所许可的范围。

因为严复突破了张之洞以来的改革传统，他常常被人们视为中国近代走向现代化的先驱。例如殷海光就非常赞美他。然而经常为人忽略的是他不但突破了张之洞式的改革传统，也拒绝激烈的转化思潮（虽然在某种程度这一思潮受到严复的启发与影响）。或许我们可以更精确地说，学者们往往将他对转化思潮的抵拒认为是他在晚年时变得“落伍”“保守”的一个征兆。少有人了解到严复反对激烈主义的想法实际上植根于他融会贯通东西文化之后所创造出来的政治原则，这些原则在他早期的作品之中已经显现。

上述严复思想的三个特点：一、对国家富强的追求；二、肯定自由、民主与资本主义，但拒绝金耀基所说的以个体为中心的“西方的自由主义”；三、对改革采取调适性、重视实际性的策略，构成了具有高度整合性的政治理论或政治哲学。近年来中国改革开放所带来的变化，使人们对未来发展逐渐产生一些共识，当我们回观百年前严复所揭橥的启蒙方案，大家或许会在某些方面同意：他的思想和激烈的革命主张比起来，不但更具有内在的整合性，也更具有理论上的深刻意涵。上述严复的政治主张使他与清末民初其他的启蒙方案有所不同。

改革抑或革命？——严复与孙中山

在清末民初中国有两大针对时局所提出的解决方案，一是孙中山所领导的“革命派”；一是康有为、梁启超与严复等人所提倡的“改革派”。在严复翻译《群己权界论》，并开始较深入地了解弥尔式自由民主思想之后，他与坚持卢梭式民主理念的革命派开始产生明显的歧异。1904年，亦即《群己权界论》出版的次年，严译甄克斯（Edward Jenks）的《社会通诠》（*A History of Politics*）问世，该书将人类社会依进化程度分为“savage society”（草莽社会，严译“蛮夷社会”）、“patriarchal society”（宗族或酋长社会，严译为“宗法社会”），与“modern（political）society”（现代社会、政治社会，严译为“国家社会”或“军国社会”）。甄氏以为人类社会是依序而进——草莽社会是古代狉獉未启之世；宗族社会是以种族（race）为基础，重视群体团结，而排斥他种；现代社会则是由于人口、财富的增加，以及军事技术的进步，因而出现以领土（territory or locality）为基础，并享有主权（sovereignty）的现代国家。在政治方面，随着法制的演进，现代社会之中国家的治权转移到国民之手，而有由代表组成的议院、少数服从多数的选举，与政党制度的出现。

严复将上面的说法理解为：蛮夷社会以“图腾”来区别人我，“凡文明之所享，皆蛮夷之所乏”；“夫宗法社会，以民族主义为合群者也”，“宗法社会之籍其民也，以人而不以地”；而“军国社会”则是“一切治权，义由地起，所重者邦域，而种姓为轻”，“期人人自立”，“以一身径受国家之约束法制者也”。以此标准来看中国社会，严复说“支那固宗法之社会，而渐入于军国者。综而核之，宗法居其七，而军国居其三”。所以他大力反驳当时革命党人所主张的排满、排外的“民族主义”，明白地说“民族主义，将遂足以强吾种乎？于有以决其必不能者矣”。在他看来，无论是排满或排外都是落后的宗法时代的做法，不足以“救亡”“利国”，为了因应新时代的来临，应宣传建立“军国社会”所需要的以（超越种族的）“国民”观念为中心的认同，并实行地方自治与主权在民的民主制度。后来革命派的章炳麟撰《〈社会通诠〉商兑》一文，严厉批评严复的观点。严、章之分际可以被视为“国民的国家主义”（civil nationalism）与“种族的国家主义”（racial nationalism）之不同。

由上面的例子可见1903、1904年时严复的思想已与革命党人的看法明显地分道扬镳。下面的例子也可以看出此一分歧。

1905年他因开平煤矿讼事赴伦敦，据记载，严复曾与孙中山会面，在会谈中严复表示:“中国民品之劣，民智之卑，即有改革，害之除于甲者，将见于乙，泯于丙者，将发之于丁，为今之计，惟急从教育上着手，庶几逐渐更新乎！”孙氏则回答：“俟河之清，人寿几何，君为思想家，鄙人乃执行家也。”

从以上的两个例子可见严复虽然翻译了许多西方民主政治的典籍，也发表过抨击专制的话，但是就清末改革与革命的议题来说，他显然与康有为、梁启超等人类似，倾向改革，主张以渐进的方式培育超越种族界线的国民，而与高举种族革命之大旗，依靠卢梭思想，主张以激烈方法推翻清朝、建立共和的革命派，如章炳麟、孙中山等人的观点，有所不同。

与批判革命主张有关的是，严复大约从1906年开始，也针对革命派理论的根基——卢梭的思想进行反省，认为此一以“社会契约”为基础，强调平等、自治政府、主权在民的想法，其理想虽好，实行起来却是弊端百出，尤其是由卢梭思想引发出的暴力革命的主张，更会造成无穷的祸害。这样的看法终其一生都没有改变。

严复、孙中山两人的差异反映改良派与革命派对国家未来的不同看法。而清末这项改良与革命之争也不只是手段上的激烈与缓和，以及肯定传统与否定传统之别，更牵涉两种不同的国家与文化想象。

1905年是一个转折点，此后康有为、梁启超与严复所代表的改良主义受到排斥，孙中山等人的革命主张则受到多数人的拥戴。从此这样的革命精神长时间主导了中国20世纪的变化，国人的革命热情一波比一波强，先后有1911年的辛亥革命、“五四”反传统运动等。

至1980年代，许多治中国史卓然有成的学者如余英时、张朋园、李泽厚等人开始对中国“现代化”的进程有一反省，他们认为在近代救亡图存的急迫感的驱策之下，革命的抉择较配合人们情绪上的感受，但激情有余、理性不足，反而造成中国现代史上无数的悲剧，李泽厚因而高喊“要改良不要革命”。李泽厚就十分肯定邓小平的经济改革，邓氏著名的“摸着石头过河”“不管白猫黑猫，捉住老鼠就是好猫”的说法，无疑具有高度改良主义的精神。

总之，回顾近百年来中国政治、思想的变化，虽然错综复杂，但或许可以说是环绕着严复式的改良与孙中山式的革命的抉择。20世纪思潮的主流无疑是革命，但是从1980年代以来，逐渐有学者反省到革命虽然痛快，却带来无穷的恶果，认为改良才是国家现代化的正途，因而“告别革命”的声浪骤起。在20世纪中国历史上，革命气氛高涨的时候，改良被贬为开历史倒车，当历史的钟摆转到改良之时，革命对有些人来说又成了万恶不赦的罪人，我们总在震荡之中前进，在困顿中尝试为中国该往何处去的永恒难题，寻觅一个合适的解答。然而诚如一些学者所说，在严重的国家政治危机之时，有效的文化修改与现代化几乎是不可能的事。因此只有在政治、社会安定的状况之下，改良主张才比较容易受到人们的肯定；而动荡的局势之下，革命精神高涨。在经历了近百年革命的狂飙之后，中国逐渐安定下来，在此环境下或许我们可以平静地思索百年来革命与改良的曲折历程所给我们的启示。

严复、袁世凯与《居仁日览》

从清末改革派的基本立场出发，严复对1911年的辛亥革命与其后民主共和的建立，抱持着怀疑与悲观的态度，以为中国当时国民的程度连采取君主立宪都不够资格，又怎么能立刻施行民主共和呢？他预言勉强实行的结果将酿成大乱。1914年他针对民国成立之后的乱象，撰写《民约平议》一文，借着对卢梭理论的再反省，抨击“暴民政治”。

这时严复不但在政治上主张渐进改革、反对革命，在思想上也更为强调传统文化的价值。1913年他支持孔教会，提倡尊孔与读经，并在“孔教会”所举行的祭孔大典演讲《论语》“民可使由之，不可使知之”。他说此一看法不是“愚民主义”，而是认为“无论何等文明，其中冥昧无所知与程度不及之分子恒居多数”，所以在治理国家之时，对于士君子之外，大多数的“氓庶无所知者”，在道德、宗教与法律三个领域，都是“可使由，不可使知”，“何则，知之转于乱而近于治远耳”。由此可见他对人民程度与社会规范之关系的关怀。这也反映严复抱持着精英主义（elitism）的立场，对他来说知识分子与一般老百姓，在智慧方面几乎有一道永恒的裂痕，人们不能期望一般老百姓对道德、宗教、法律有深入的了解之后，再遵循这些规范。上述“保守”想法为支持“五四”运动的新青年们所痛恨。

民国成立之后严复因袁世凯的关系而受到重用。清末以来袁、严两人的关系即十分亲密。严复在任职天津北洋水师学堂时结识了袁世凯，常常一起“斗室纵横，放言狂论，靡所羁约”。严复当时已看到袁世凯具有政治野心，对他说“时君谓项城，他日必做皇帝”，袁则开玩笑地说“我做皇帝必首杀你”，说完“相与鼓掌笑乐”。后来此一“称帝”的预言竟然成真。1913年10月他写给熊纯如的信中，对袁世凯有“励精图治”的倾向而感到乐观：“项城于国变日受职，各国同日承认，亦几天与人归矣。新组内阁，亦若有励精图治之倾向。吾辈处今，所谓得少便足，岂敢更作过分之望。”至1915年，两人相交已“垂三十年”。袁氏任总统之后十分重用严复，曾任命他为京师大学堂总监督（后为北大校长），严复亦被牵扯到鼓吹洪宪帝制的筹安会（在报刊上严复名列第三）。他说这是杨度来说服他参加，他因思想上有共同之处，对实施民主共和有所疑虑，因而“被动”接受，严复说：

> 筹安会挂名籍端，颇缘被动。一昔杨皙子来寓，宣布宗旨，邀共发起，复言吾国之宜有君（二字作众主解）。而舆尸征凶，此虽三尺童子知之，讨论余地，本属无多，独至继此而言，谁为之主，则争点发生，窃所疑惮。鄙意颇不欲列名，以避烦聒，杨乃以大义相难，谓："某既知共和国体无补救亡，即不宜苟安，听其流变。"又云："此会宗旨，止于讨论国体宜否，不及其余。"就令反对君主亦成表见，意态勤恳，乃遂听之。而次日贱名乃登报矣。

后来他在致冯国璋书中也为自己辩解，"筹安会发起之时，杨、孙二子实操动机，其列用贱名，原不待鄙人之诺，夕来相商，晨已发布"。他虽感无奈，然对此亦深自惋惜，认为自己未能当机立断加以拒绝而惹祸上身，"筹安会之起，杨度强邀，其求达之目的，复所私衷反对者也。然而丈夫行事，既不能当机决绝，登报自明，则今日受罚，即亦无以自解"。陈宝琛在《墓志铭》中也为他澄清此事，说杨度"窜其名"：

> 袁世凯与君雅故……国体既变，聘君长大学，充顾问参政及约法议员。君常昌言，国人识度不适于共和，而戴袁者欲资之以称制，窜其名筹安会中，君始终不莅会，袁又以重金讽君为文辟异议者，则辞以疾，自是亦稀接宾客矣。

这应该是比较公允的论断。

在袁氏执政时期严复参与不少重要的工作。1914—1915年时严复担任参政院参政，因熟悉国外状况，奉命翻译西方报刊，供《居仁日览》之用。严复在1915年4月21日写给友人熊纯如的一封信中说："报载复与马、伍诸公，翻译进呈之事却非虚语。日来正办《欧战缘起》，以示此老也。"此处之"马、伍"是指马良（1840—1939）与严复的学生伍光建（1866—1943），"此老"乃袁世凯，而《欧战缘起》即严复为《居仁日览》所翻译的一篇文章。其次，同年6月19日，在写给熊纯如的信中，严复又说，"复向于报章，舍英文报外，不甚寓目"；8月5日的信又说"复自欧陆开战以来，于各国胜负进止，最为留神，一日十二时，大抵六时皆看西报及新出杂志也"。由此可见严复此时长期阅读英文报纸，关注西方情势，因而被延揽进入《居仁日览》的编辑团队。

那么严复究竟翻译了哪些作品供袁世凯参看呢？这些翻译是否仅为"交差"性质，而不具重要的意义呢？目前能找到严复在《居仁日览》中的翻译文字计有以下七篇：

1.《泰晤士今战史——欧战缘起第一》；

2.《日耳曼开战兵略第二》；

3.《伦敦时报书布来斯审查会报告书后》；

4.《英国军械大臣来德佐治在满哲沙劝谕工人演说》；

5.《英人狄仑论今战财政》(其下又细分为十二个小节，其标题为“德人之金战”“法人财政之见绌”“俄人之仓遽”“三国协商财政于巴黎”“俄之酒禁”“俄国禁酒之效果”“巴黎三国财政协商之决议”“英法之所以助俄”“俄之谷麦能输出乎”“俄与瑞典之兵费”“勃牙力与其政府”“德人何故而助勃”)；

6.《希腊前相文尼芝禄上希腊王书》；

7.《美人宣告德国近情》。

上述严复所翻译的文字究竟从何而来？

第一、二篇《泰晤士今战史——欧战缘起第一》与《日耳曼开战兵略第二》。《泰晤士今战史》一书的原名为：*The Times Illustrated History of the War*（《泰晤士报战争图史》），严复的译文没有附图，他因而把“战争图史”改为“今战史”。本书是以周刊的形式出版，1914年8月25日出刊第一部分，内含两章，封面是德皇威廉二世的肖像。

首期出版的这两章就是严复所翻译的《欧战缘起第一》（Chapter 1, “Political Antecedents to the War”）与《日耳曼开战兵略第二》(Chapter 2, “The German Army and German Strategy”)。

在1914年8月25日的《泰晤士报》上有一则新闻报道，说明该书第一部分两章的主要内容：

> 第一部分有两章，第一章处理战争在政治方面的缘起，第二章则有关军事方面的情况、德国军队与德军的战略。第一章讨论在德皇威廉统治期间所逐渐形成的世界政策的起源与本质，以及德国与英国对抗的原因。文中还解释了德国如何在英国面对波耳战争的困难中寻找机会，德国如何建立其海军，法国与俄国如何处置两者之间的分歧，以及后来它与英国之间的差异……第二章描写战争的开战情形，以及造成初次冲突，亦即德国攻击比利时与法国边境的各种情况。在说明了德国军队组织与实力之后，作者比较了1914年与1870年的战略情况，以及德军将帅集中在西线战事时所可能有的考量。

如果对照严复《欧战缘起第一》的开始部分与原书的句子，可以发现严复的翻译非常精确。只是原文中大量的图片，包括重要人物的肖像、重要地点的照片与地图等都被严复所略去，难以彰显“图史”的本来面目。

第三篇译文《伦敦时报书布来斯审查会报告书后》文中注明“见本年五月廿一日《伦敦时报》”。《伦敦时报》即是《泰晤士报》。然而经过笔者查核，1915年5月21日报上并无此篇文章，严复所采用的原文应该是 *The Times* 在1915年5月13日第9页之上的一篇作品，标题是：“A Record of Infamy”(《一个邪恶的纪录》)，这一篇文章是在介绍该日报纸第6页上的一篇长文“Barbarism in War, German Atrocities, Report of the Bryce Committee, A Terrible Record”(《战争中的野蛮行为，德军暴行，布来斯委员会报告，一项可怕的纪录》)。换言之，严复没有翻译较长的《布来斯委员会报告》，而翻译了较简短的对该报告的一则报道。

严复因此将该文标题改为《伦敦时报书布来斯审查会报告书后》。布来斯的这一篇报告之起源乃是开战之后德军入侵比利时，传出许多战争中屠杀比利时人民的残暴行为。英国政府于是组织了一个委员会，由所谓公正人士加以采访、调查上千的案例，并在报告中细述德军所为。该报告于5月12日公布，次日即刊于报章之上。严复在译文中表示：“此自有史传记载以来，所发露之种民凶德，从未有如是之已甚。”文中对暴行的描述如：“幼女洞胸，小男断腕，妇人割乳，全家支解，以枪刀洞两周之孩，肩之而去……”

布来斯的审查报告在西方引起很多的争论。支持者认为调查是客观而真实的，同时还发行多种图像式的明信片，来宣传德军的凶残。

不过也有人认为这些都是政治宣传而想象出来的内容。当时严复只是将英国报纸的报道翻译出来，并没有注意到此项报告所具有的主观性，及其背后复杂的论辩。由此可见严复所依据有关第一次世界大战的报道来自英文报刊，这就注定了他所采取的支持英、法等协约国的立场。

第四篇译文《英国军械大臣来德佐治在满哲沙劝谕工人演说》，这一篇采自1915年6月4日 *The Times* 上的一篇文章，篇名是“A Workshop War, The Crying Need for Shells, Plain Words from Mr. Lloyd George, Democracy and Compulsion”(《工厂的战争，亟需炮弹，来自来德佐治的直率之论，民主与强迫》)。Lloyd George是当时英国的Minister of Munitions（军械大臣），他在6月3日访问Manchester（曼彻斯特）并对一群工人演说，他指出德国战场的胜利来自军需供应的充足，因此战争的成败其实决定在工厂，而非战地。严复在译文中很精确地翻译出其旨意：“此后军事利否，全视尔等尽力之何如……为此，故今日之军兴，惟尔等之诸工厂是赖。”严复可能是为了要让国人了解军需供应实为战场成败之关键而翻译此文。

第五篇译文《英人狄仑论今战财政》，来源不详。此文篇幅甚长，仔细地讨论战争与财政的关系，文中一开始即讨论德国财力雄厚，而俄、法等国则显出“财政之见黜”。

第六篇译文《希腊前相文尼芝禄上希腊王书》。这一篇译文的开始部分，严复曾有所说明：“本年一月，文尼芝禄谈欧局趋势，以谓希腊宜出而与突厥宣战，则为书上其国王如左。国王德婿也，不能用其言，文乃辞职云。”此处所说的文尼芝禄(Venizelos)曾任希腊首相，希腊王则是君士坦丁(Constantine)。上文所说的“突厥”指Serbia，即塞尔维亚。

这一篇文章的原名是“Venizelos’s Statement to King

Constantine”。根据《纽约时报》的记载，该文的全文于1915年4月21日刊登在伦敦出版的*The Daily Chronicle*（《每日记事报》）之上。在文章之内文尼芝禄主张放弃中立，并对塞尔维亚宣战，以对抗德、奥，而同时争取邻邦保加利亚与罗马尼亚的合作，而争取合作的方式是割地（territorial concessions）给上述二国。诚如严复在译文中指出“不幸中立而祸患愈无由解免，惟战尚有十一二全”。然而此一提议不为希腊王所接受，文尼芝禄认为此乃一大耻辱（insult），因而于1915年3月6日辞职。严复翻译此文可能是为了提供中国面对参战问题之参考。

第七篇译文《美人宣告德国近情》。本文之原始来源不详，根据严复的说明，“一美人名某，新自德国抵伦敦，英人向询德国近状，书其见如左。其言无隐，英人据之以登《孟哲士报》”。由此推测，该文可能是出自*Manchester Times*，这也显示当时严复除了阅读英国最重要的《泰晤士报》，也注意到地方性的报纸。

严复在1915年所翻译的《居仁日览》或许不只是“交差”的性质，从上述目前存留的文字来看，因为担负此一工作，严复得以大量阅读英文报刊，了解世界局势，同时也让政治领导者能够掌握国际上重要形势的发展。1916—1917年之际，严复驳斥了严守中立、反对参战的说法，提出理性务实的参战主张，正是依靠长期以来对欧洲战局的仔细观察。

《居仁日览》之翻译工作对严复累积西方知识具有重要意

义。不过值得注意的是严复所依赖的信息来源全为英国报刊，这也使他难以深入了解同盟国的情况，并因而倾向支持协约国的立场。

其次，对欧战的深入考察，包括对上述德军在战场上的残暴行为的认识，也激发出严复对国内外战争的批判与对人道主义的倡导。1917年严复作有《欧战感赋》一诗，对战争耗费金钱、新武器所造成的重大伤亡，发出无尽的感伤。

1918年严复为何遂（1888—1968）所题《赴欧观战纪念册》题诗时，也深感西方科学的发展，造成杀人利器之日新月异，这正是孟子所说“率鸟兽以食人”。他发出“太息春秋无义战，群雄何苦自相残，欧洲三百年科学，尽作驱禽食肉看”的感叹，在该诗按语中他说：“四年苦战，死伤总数逾三千万，宗教用其书之默示录语，疑世界乃近末日，抑救主有复临之机，此自人心乱极思治，其然，岂其然欤？”一次大战造成三千万人的死伤，几近世界末日。严复同时亦反省到国际之间的战争实源于狭隘的民族主义与爱国主义，而感叹地说出“自爱国之说兴，而种族之争弥烈，今之欧战其结果也。……夫爱国之义，发源于私，诚不足以增进人道……”从欧战的反省出发，严复对袁世凯死后中国陷入军阀混战、弥天杀机而悲悯不已，在上述批判西方战争的文字之后，他语锋一转，“隐刺当时国中连兵相残之武夫”，“然彼之相为屠戮者，犹以种族异耳。顾同种并化之中，独以予夺奋虐，此真百喙无以自解者矣”。

由此可见严复在欧战的刺激之下思想有所转向，他批判西方科学畸形发展、爱国主义与种族之争所导致的残酷战争，企望回归中国传统，因而形成了一个与“五四”反传统运动截然不同的思路。尤其值得注意的是这不只是严复个人的观点。许多的研究都指出欧战引起国人高度的文化自觉，如梁启超、梁漱溟等人，一方面看到西方物质文明的过度发展，导致毁灭性的战争，另一方面则引起对自身文化的信心，希望在东方的精神文明之中寻找出路。梁启超与梁漱溟的看法与严复的观点相互呼应。不过梁启超的《欧游心影录》是在1920年3月初由《时事新报》发表，梁漱溟在北大演讲《东西文化及其哲学》则在1920年秋天，在时间上均晚于严复。这样一来，严复无疑得风气之先，《居仁日览》的翻译工作与他的翻译文字，不但对严复个人思想来说深具意义，也推动了民初“五四”运动前后思想界的一个重要发展，在中国近代思想发展上有不容忽略的重要性。

严复论中西文化

自近代西力东渐以来，中国知识分子最感困惑，而亟待解决的中心问题是：中学和西学的异同及其互相关系。严复毕生努力的目标就是思索，并尝试解决这个问题。他了解在结合中西之前，要明了中西文明之歧异，方可站稳脚跟，吸融新说，建立立场。同时对此议题的正确理解，将可作为国民教育之基础。这样一来，配合他思想中的精英主义，以及当时盛行的"借思想文化以解决问题的途径"（林毓生语）之想法，严复认为中国问题的解决必须针对中西文化如何交融之议题，并驳斥错误思想，建立正确典范。

当然严复的努力，亦有可议之处。当时"文化"的概念还没有在中国思想界普遍流行（"文化"作为英文 culture 的对译语要到1908年颜惠庆的《英华大辞典》才出现），更不用说后来所发展出社会科学，尤其是文化人类学对文化的看法。严复并不严格区别描写性的讨论与规范性的讨论。同时他也不了解他所赞赏的西方自由民主传统，在认识论与人性观上具有“悲观主义认识论”（epistemological pessimism）与“幽暗意识”等重要预设。然而针对今日仍然存在的中西沟通或所谓文化的分流与合流的严肃议题，他无疑是一个敏锐的思想先驱。

（1）中西文明的分流与合流

严复了解因为中西之间历史、政治、学术的差异，西方产生了中国所没有的“自由”理念，他指出中国传统从来没有所谓“政界自由之义”，“未闻有持民得自由，即为治道之盛者”。由于此一区别，中西文明之间几乎存在着系统性的歧异，用他的话来说，就是中西各有其体用。然而，严复也看到两者的合流，例如儒家“絜矩之道”与自由观念相通，杨朱哲学与西方个人主义是一致的，中西学界均了解到公私可以两立，斯宾塞的社会学与《大学》格致诚正修齐治平之道可相互发明，以及“中国以学为明善复初，而西人以学为修身事帝，意本同也”。

在上述对比与合流的交织之下，严复对中西的结合感到乐观。早在1895年他就说：在了解西学之后，再反观吾圣人之言，“而后有以窥其精微，而服其为不可易也”。1902年他与吴汝纶讨论此一议题时亦表示：“新学愈进则旧学愈益昌明，盖他山之石可以攻玉也。”同时，他在讨论教育时也说“必将阔视远想，统新故而视其通，苞中外而计其全，而后得之”。以上“统新故、苞中外”的想法在他的晚年变得更为重要，1917

年他在一封信中表示：对于中西文化，人们应观其“会通”，以新式机器开发《四书五经》之矿藏。

会通中西的想法在现代中国思想史上，特别是新儒家（如唐君毅、牟宗三、徐复观、钱穆等）思想之中，变得非常重要。这样一来，严复阐释了一个至今日仍具重要性的文化融合的典范。根据此一典范，创造性地结合部分中国与部分西方理念，再转成一个新的文化是可能成功的。这不仅是因为有一些有价值的中西观念早已会通；还因为中国能够借采取她所缺乏的一些西方观念而得益。此一规范性的典范与当时流行的一些理论有明显的不同。

（2）严复反对中体西用、全盘西化与西学源于中国说

严复反对张之洞所提出的中体西用论，或“主中学而以西学辅所不足”“仿其末节”等观点。严复也反对“政本艺末”的说法，认为西方的技艺与西方的政治有十分密切的关系，互相辅助，并非一本一末，是以对于西方文化“其人既不通科学，足其政论必多不根”。

由此可见严复虽然也用“体用”“本末”等与宋明理学密切相关的词语，但他根本上反对将体用、主辅、本末等概念，应用到对东西方文化的理解，以及文化交流时所应实行的策略。严复强调文化的整体性与有机性，他以生物体来做比喻，指出“一国之政教学术，其如具官之物体欤？有其元首脊腹，而后

有其六腑四肢；有其质干根荄，而后有其支叶华实”。换言之，无论中西，其精神、制度与物质方面的状况都相互配合，不可任意割裂。

上述的观点影响到严复对东西文化间相互采借的态度。他反对不顾东西文化的内在差异，而做的无根的移植。他用一个非常生动的比喻:“去骥之四蹄，以附牛之项领，从而责千里焉，固不可得，而田陇之功，又以废也”，因此一个不适当的文化采借，不仅对本身无益，甚至有害。

这样一来，严复关于文化修改问题的看法不容易偏到像“五四”时期的学者那样的全盘西化论。他不但在晚年反传统浪潮之中，提倡尊孔、读经，即使在严复早年积极提倡西方文化之时，他也不曾主张要完全放弃中国文化，认为中国政教仍有其是处，他所反对的仅是中国文化中负面的部分。

严复的思想显然是处于“中体西用”与“全盘西化”之间，然而他所构想的文化修改的方式，和清末“西学源于中国说”或所谓“引中国古事以证西政，谓彼之所长，皆我所有”也不相同。严复一直批评西学源于中国说。早在1870年代，严复还在英国时，在与郭嵩焘的讨论之中，他就批评张自牧的《瀛海论》。此书正是最早倡导西学源于中国的一本著作。他也反对一些人（如梁启超）认为西方议院、宪法等中国古已有之。

(3)整体主义与有机主义

严复的想法与他所反驳的理论都预设了在面对西方文化之时，不应仅限于零碎地引介一些想法，而应建立一个理论。严复与当时的知识分子有无建立这样的理论？如果有的话，其内涵为何？

上文曾指出严复强调文化的整体性与有机性，此一想法与全盘西化论者所持的有机论的观点类似，却又不同。林毓生曾指出全盘西化的反传统主义是奠基于以下的一个理论或预设：他们认为一个社会或文化是一个有机体，它的形式或本质受到一些基本观念的影响，而且这些基本观念的角色有如生物体之基因，在此情况之下，整体与部分紧密地联系在一起，换言之，部分的本质与形式取决于整体。

林毓生在此处所指出的想法是将文化视为一个整体，因此只能全盘接受或全盘拒绝。例如，我们无法选取儒家思想的一部分，而舍弃其他的部分。但是这种整体主义只是当时针对以下两个议题所提出的诸多理论之一种，这两个议题是：企图改变之社会的本质为何，改变此一社会的方法又为何。

第一种观点是当时林毓生所谓反传统主义者的“有机整体”设想。虽然我们不能忽略，反传统主义者不但预设了文化有如一有机整体，而且悖论式地认为这一个文化系统中的成员，具有批判此一整体的能力，能脱离或创造一个有机的文化整体。换言之，这种一元式的文化观念，与其成员具有批判意识和理性力量的预设结合在一起。

第二种观点将社会视为各个部分拼凑而成的东西，而非一个有机体，因此只能以零碎的方式来做调整。此一观念类似波普（Karl R. Popper）在《开放社会及其敌人》之中所说的“细部工程学”（piecemeal engineering）。此外，胡适所谓“多谈些问题，少谈些主义”的想法与此一观念也有关系。

第三种观点是像郑观应、张之洞那样，将要改变的对象分为体与用，或道与器。他们认为前者应继续受到维护，而后者则是能够被调整、改变的。

第四种观点认为不同文化之间有取舍的可能，因此文化修改不是零碎的调整，也不是体用概念所规范、允诺的，而是基于主体的批判意识，探求如何才能形成一个结合本土与外来观念之有机整体。

严复对文化修改的看法显然较接近第四种，但他还会坚持社会是一个有机体。同时，在斯宾塞的影响之下，他不断地强调有机体的整体表现，要依赖组成此一有机体成员的质量，这样的成员当然包括像严复那样具有批评意识与思考能力的“自由”人。严复说：

> 一群之成，其体用功能，无异生物之一体，小大虽异，官治相准。知吾身之所生，则知群之所以立矣；知寿命之所以弥永，则知国脉之所以灵长矣。一身之内，形神相资；一群之中，力德相备。身贵自由，国贵自主。

这样一来，斯宾塞的有机体理论让严复可以将中国想象为一个国群，但是并不妨碍文化采借的可能性。换言之，严复认为人们可以针对文化遗产做一取舍，以形成一个新的有机体，在这方面，他坚持中西文化的交融。此一观点与林毓生所讨论的一元论的反传统思想是有所不同的。这两个观点均视国家社会有如一有机体，但是严复并没有将此整体变成一个只能完全接受，或完全抛弃的对象。当然，我们不应忽略，严复所构想的有机体与他对社会中自由与利他可以并重、公私利益可以不相冲突的道德视野，是相互配合的。

（4）结合中西之长的典范

对严复来说，创造性地传成一新的有机整体，需要基于现有合流之趋向，并采取西方的长处。此一想法与当时流行的一种结合先秦与西方之典范有类似之处。这种说法以为中国传统之中先秦的政治与文化遗产是具有正面价值的，然而后来因为秦朝的专制与焚书，造成断裂。例如梁启超戊戌前在湖南时（约1897年）就提出应结合先秦与西方而创造一个新的文明，他说，“我们当时认为，中国自汉以后的学问全要不得的，外来的学问都是好的”。严复对此看法有所怀疑，他似乎比较倾向一元式、演化式的历史观，虽然肯定鉴往知来的价值，认为从固有文化中可以“披沙拣金”，但是并不认为历史上有一个黄金时代可以为后代取法。

虽然如此，严复在中国文化之中所特别欣赏的还是“四书”《老子》《庄子》等先秦作品，他又坚持使用“与晚周诸子相上下”的文字，这样一来，严复的观点与梁启超所揭橥的典范之间还有某种程度的亲近性。其精神也与任公在《新民说》中所谓“淬厉其所本有而新之”，“采补其所本无而新之”，“二者缺一，时乃无功”的想法，是一致的。

总之，严复（和梁启超）的文化修改方式与张之洞的“中体西用”和“五四”的“全盘西化论”均不相同。他们不但强调先秦学说的意义，而且主张中国有关内在世界（伦理与形上智能）的知识，与西方有关外在世界（主要是科学与民主）的知识要结合为一，同时外在世界还要维系中国五伦的秩序，而内在世界也要肯定西方如“所以存我”“开明自营”的精神。这种会通中西的观念使他的思想成为当代新儒家的先驱，而此一文化理想仍是当前国人努力的目标。

严复对“国性”的思考

随着帝国主义的侵略与社会达尔文主义在中国的传播，近代中国知识分子反复讨论的几个问题包括：“东西文化孰得孰失，孰优孰劣?”，“中国究竟会不会亡国?”，以及“国人应如何救国保种？”等。对于上述的问题，清末以来的思想界有两种主要的答案：一类是主张彻底改变的转化式的看法，认为“方死方生”，中国人只有抛弃旧传统、拥抱新文明，中国国家、文化才能获得新生。例如陈独秀认为中西之间是对立的，接受西方就得唾弃中国。这时放弃传统仍是一个尚未完成的目标（所谓“主观愿望”）。至1933年，胡适在芝加哥大学演讲“儒教的使命”（“The Task of Confucianism”）时曾说：“何铎斯博士在演说的末尾说：‘儒教已经死了，儒教万岁！’，我听了这两个宣告，才渐渐明白——儒教已死了——我现在大概是一个儒教徒了。”他所要强调的是儒学已亡，而儒学的死亡是使儒学具有新生命的开始。平心而论，这还是一种主观愿望，但对胡适来说，儒教的死亡显然已经不是目标，而是“事实”。此一中国近代思想史上的转化路向，钱穆描写得最好，他说：这些学者“好为概括的断制。见一事之弊，一习之陋，则曰吾四万万国民之根性然也，一制之坏，一说之误，则曰吾二千年民族思想积叠然也”，“于是转而疑及于我全民族数千年文化本源，而惟求全变故常以为快”。反传统主义者、全盘西化论者与科学主义者多半抱持这种观点。此一观点也配合美国学者列文森（Joseph Levenson）所谓儒教已死、中国传统只具有博物馆中的典藏价值。

第二类答案则是调适性的“继往开来”，或称为“更生之变”的主张。他们也看到中国文化缺失，却希望从传统之中，去芜存菁，融入西方文化的优点，走出一条再造文明的路。清末民初采取“调适性”思路的知识分子，与转化型学者一样，面对民族、文化存亡的生死战，而企望有所作为。如果借用余英时描写钱穆思想时所用的字眼，他们相信传统文化不死，而且即使如反传统者所宣称的传统已经衰亡，他们仍锲而不舍地要“为故国招魂”，并期盼让“旧魂引生新魂”。这一思路源于晚清梁启超求索“中国魂”，与《新民说》中“采补”“淬厉”并重的想法，以及民国以后严复的“国性”说、“立国精神议”与“会通中西”的理论。他们都尝试将儒、释、道的生活哲学，与西方自由、民主的生活方式，与进化论的宇宙观、历史观等结合在一起。上述“会通”的思路从清末士人追索“国魂”开始，至民国初年发展为学界挖掘“国性”、“国粹”、“立国精神”或“民族精神”，并追求中国的精神文明与西方物质文明的结合。

严复提倡“国性”说，此处之国性即“民族精神”，或说一国之“灵魂”，在1913年在中央教育会与孔教会有关《读经当积极提倡》的演讲中，他说：

> 大凡一国存立，必以其国性为之基。国性国各不同，而皆成于特别之教化，往往经数千年之渐摩浸渍，而后大著。但使国性长存，则虽被他种之制服，其国、其天下尚非真亡。

他从中国历史上的“易代”与外国之“亡国”有所不同来做说明：

> 此在前史，如魏晋以降五胡之乱华、宋之入元、明之为清，此虽易代，顾其彝伦法制，大抵犹前，而入主之族，无异归化，故曰非真亡也。独若美之墨西、秘鲁，欧之希腊、罗马，亚之印度，非之埃及，时移世异，旧之声明文物，斩然无余。夷考其国，虽未易主，盖已真亡。今之所谓墨西、秘鲁、希腊、罗马、印度、埃及，虽名存天壤之间，问其国性，无有存者，此犹练形家所谓夺舍躯壳，形体依然，而灵魂大异。庄生有言：“哀莫大于心死。”庄生之所谓心，即吾所谓灵魂也。人有如此，国尤甚焉。

严复认为中国“国性”存于孔子之教化，而其教化又有赖于儒家经典而传承至今：

> 嗟呼诸公！中国之特别国性，所赖以结合二十二行省，五大民族于以成今日庄严之民国，以特立于五洲之中，不若罗马、希腊、波斯各天下之云散烟消，泯然俱亡者，岂非恃孔子之教化为之耶！孔子生世去今二千四百余年，而其教化尚有行于今者，岂非其所删修之群经，所谓垂空文以诏来世者尚存故耶！

1914年严复在参政院提出《导扬中华民国立国精神议》，该议案不但抽象地指出“忠孝节义”等作为“立国精神”之价值，也提出具体的导扬此一精神的制度性安排。包括将中外先贤、名人的言行编入学校教科书，并以通俗歌曲、戏剧、图画的形式，或祭典、庙会的方法广泛宣传。在同一年，严复又翻译了卫西琴（Alfred Westharp）的著作《中国教育议》(原名为 *Chinese Education: How East and West Meet*)，该书的主旨也是结合中西，而回归中国传统。该文先刊登于梁任公所主办的《庸言》之上，再发行单行本。

严复不但主张“国性”“中国不亡”等观念，又倡导尊孔、读经，他也追求中西学术的会通。陈宝琛（1848—1935）评严复学术曾说：“君于学无所不窥，举中外治术学理，弥不究极原委，抉其得失，证明而会通之。”上文中的“会通”二字，正是严复学术思想的核心。他结合了中学与西学、传统与现代，以及科学与宗教、伦理等。

值得注意的是针对中西文化分歧、合流的历史处境与会通中西的目标，严复思想在理论层面并不具有美国学者史华慈所说的“两面性”（史华慈在《寻求富强：严复与西方》中所说的“Janus-faced”），亦即其思想之中的两个范畴是彼此不相关的，无论这个两面是指中与西、体与用、形而上与形而下、“价值理性”与“工具性理性”（韦伯意义之下），还是科学与哲学。对严复来说，中国伦理价值与涉及“不可思议”和“幽冥之端”的形而上世界，同时这些价值可以配合西方有关追求富强与民主的技术和制度安排。对他而言，这几方面可以互补、融合，也都是建立一个理想的自由国度所不可或缺的。此一会通的信念也使他们不具有列文森所强调的近代中国知识分子理智与情感的分裂或所谓精神迷失、茫无归着。严复是以国性观念为基础来吸收西方之长处来描绘中国启蒙的蓝图。

严复论教育：精英领导、德育优先

严复启蒙思想的核心观念是以教育来“愈愚”，这一构想不但受到斯宾塞《论教育》一书的影响，也源于他本身的成长经验，而体现了他有关中西文化交融的典范。他晚年号称“愈壄老人”，他的诗集被称为《愈壄堂诗集》，这些就可以反映此一志向（壄即“野”，指蒙昧未开）。斯宾塞在《论教育》之中首先提出民德、民智与民力的重要性，严复因而揭橥鼓民力、开民智、新民德的政治理想。为实现此一理想，严复将教育分为体育、智育、德育三个部分。他认为三者之中以德育最为重要，其次是智育，再其次是体育。他说体育的基础是“卫生之理”，“是以言智育而体育之事固已举矣”，所以智育比体育来得重要；而科学的成果可以为善人所用，亦可以为恶人所用，如为恶人所用，则贻害匪浅，所以德育又比智育来得重要。严复强调：社会、国家的基础是“天理”“人伦”，“未有国民好义，君不暴虐，吏不贪污，而其国以亡，而为他族所奴隶者……故曰德育尤重智育也”。

就内容而言，严复指出体育与智育，随时代的进步而产生变化，尤其是智育方面，西人有重要的进步，应努力学习。但是德育方面，西人“进于古者”非常有限，所以德育要以同有的“经常之道”为基础，再配合其他方面。严复说德育要教导儒家的“忠信廉贞，公恕正直，本之修己以为及人”。更具体地说，严复认为德育的基础是儒家的“五伦”。

严复对儒家伦理的基本条目，如絜矩之道、恕，与《大学》八纲目等的肯定是不曾改变的。不容讳言，严复德育思想的焦点在前后期有所不同——早年较重视“新民德”，亦是强调公民资格的建立（和梁启超的《新民说》旨趣相同）；1906年以后则较为提倡以传统德目为中心的“德育”（此处则类似梁启超在《新民说》后期对儒家传统与“私德”的强调）。

严复对传统道德条目的肯定至晚年变得更为强烈，1921年他在死前将一生经历总结为以下的遗言，供后代子孙参考：一、中国必不灭，旧法可损益，而必不可叛。二、新知无尽，真理无穷，人生一世，宜励业益知。三、两害相权，己轻群重。由此可见他在修身方面秉持的各项基本原则，包括肯定传统、重视合群、追求知识、锻炼身体、安平度世等，和他一贯对德、智、体诸育的看法相配合。

严复对教育的态度直接影响他对教学的看法。他认为针对不同的学生与学科，有不同的教学方式。在教科书方面，就学科来说，严复认为“教科书于智育不必有，于德育则不可无”，就学生而言，则是“高等之学校不必有”，“中学以下，不仅德育，即智育亦不可无教科书也”。由此可见严复认为国人在智育方面，可发明创新，有较多的自由；德育方面则应固守规范；而大学、高中生有较多的自由，中、小学生有较少的自由。

再者，智德二育的教学方法也有所不同。智育要让学生明白其“所以然”，德育方面则要先使学生遵循纪律、实行道德条目，等到年岁增长，再慢慢地启发其所以然。其中对于德育的看法与严复征引《论语》“民可使由之，不可使知之”的观点是一致的。

严复对教育与教学的想法显示：他认为中国要成为一个富强与自由的国家，必须以教育方式，培养出德智力兼备的现代国民，而道德方面的重要基础是儒家伦理，以此为根基，吸收西方思想、制度与科技成就。在此理念之下，他强调中西学应分而治之，并在个体之上完成融合。

1902年，严复在《与〈外交报〉主人书》中清楚地揭示此一想法，“中学有中学之体用，西学有西学之体用，分之则并立，合之则两亡”。在此文之中，他一方面表示：中国应实行的教育绝非“尽去吾国之旧，以谋西人之新”，因此旧有之“经籍典章”不应废除；另一方面他则强调西学为当务之急，而“治西学，自必用西文西语，而后得其真”。

他所设计的教育体制如下：在小学时，教学以中学为主，减少记诵，增加讲解，中学堂的学生需录取“中学有根柢者”，“此后便当课以西学，且一切用洋文授课。课中洋文功课，居十之七，中文功课，居十之三”。四五年之后升入高等学堂的预科，三四年之后再分治专门学科。同时他也主张公派留学。在出国之前要对学生施以三年的训练，前两年专治语文，第三年研习科学。严复的根本想法是：

> 吾闻学术之事，必求之初地而后得其真，自奋耳目心思之力，以得之于两间之见象（按：“见象”语出佛典，指得其全体）者，上之上者也。其次则乞灵于简策之所流传，师友之所授业。然是二者，必资之其本用之文字无疑也。最下乃求之翻译，其隔尘弥多，其去真滋远。

1912年，严复任北京大学校长，他将此一中西学分而治之，再追求兼容并蓄的理念付诸实施。他在1912年4月19日写给熊纯如的一封信中表示：

> 比者，欲将大学经、文两科合并为一，以为完全讲治旧学之区，用以保持吾国四、五千载圣圣相传之纲纪、彝伦、道德、文章于不坠……故今立斯科，窃欲尽从吾旧，而勿杂以新。

严复属意由义宁陈三立（1853—1937）与桐城姚永概（1866—1923）来主其事。后陈三立坚持不就；姚永概则出任北京大学文科教务长，1913年辞职，由夏锡祺接替。

此段史料被许多学者解释为严复转向保守、不再主张融合中西文化。这样的说法是值得怀疑的。

第一，在上一封信之中，他向熊纯如强调，除了文科想请陈三立与姚永概主持，“本校余科监督、提调，必用出洋毕业优等生，即管理员亦求由学校出身有经验者”，显示他对西学仍然十分重视。

第二，严复所谓“尽从吾旧，而勿杂以新”，“为之不已，其终且至于两亡”，其实与他在1902年所提出的中西学各有其体用，而新旧学分而治之的想法是一贯的。这时他并不忽略西学。相反地，根据北京大学档案，严复当时曾向教育部提出《文科大学改良办法说帖》，主张中西学要“兼治始能有益”，“兼收并蓄，广纳众流，以成其大”。

第三，严复在北京大学时所面临最大的问题是经费短缺，他所谓专治旧学的想法与此亦有关联。在上述的说帖之中，严复也谈到学校的财务危机，并表示等到经费稍为充裕，即可“觅有相当宿学，徐立专门，以待来者”。很可惜目前找不到1912—1913年的史料，但根据1914年出版的《北京大学规程》，在此之前北京大学文科设有三个学门：中国哲学、中国文学与英国文学。这似乎显示当时经费窘困，只能选择性地分治中学或西学。

第四，这一次将经文两科合并，其实是呼应蔡元培在当时所提倡的大学废除经科的构想，将儒家经典的学习分摊到哲学、史学、文学等分科之中。其中具有很强烈的脱离传统、开创新局的意义。

第五，严复所说的旧学实际上并非所有传统的学问，主要是他所支持的桐城派的学术路径，主张“文以载道”与“经世致用”，而反对训诂考据。陈三立、姚永概所代表的即此一学风。姚去职后，其职位由夏锡祺接替。夏引进了大批章炳麟的弟子，如黄侃、马裕藻、沈兼士、钱玄同、康宝忠、朱希祖等人，北京大学文科之学风转向考据。这些人正是严复所批评的“今日号治旧学者，特训诂文章之士已耳。故学虽成，其于社会人群无裨力也”。

总之，从以上的分析可见严复在1912年写给熊纯如的信，仍清楚地显示他在思想上的一贯性。换言之，以中西学分治，在个人身上结合为一的方法，来寻求中西文化的兼容并包，达到明道致用，仍是他所追求的目标。严复甚至将此一方法用在家庭教育之中。

严复对教育与教学的观念，与他结合传统道德与西方价值的政治理论完全配合，两者均为“自由秩序二者”并重。这也显示出在严复心目中，个人在一个自由社会中自由成长的情状。严复认为一个自由社会有如一个学校，由精英分子设定教育目标与教学内容，培养学生的德、智、力，使之不断追寻以成就一更佳之个体。此一由精英分子自上到下，培育人民之积极自由的启蒙方案，在现代中国自由传统之中，仍扮演重要的角色。

严复与灵学：科学、宗教与迷信之关系的再思考

“灵学”即“心灵学”或“灵魂之学”，指探讨灵魂、心灵沟通、特异功能、死后世界等议题的学问。1850、1860年代，英国学者开始从事所谓“灵学研究”（psychical research），1882年2月20日“灵学研究会”（Society for Psychical Research）在英国伦敦正式成立，这一派的学者研究心理感通或灵魂之间的沟通，认为人在死后灵魂继续存在，而且可以透过各种方式降临人世。这样一来，灵学被认为是研究灵魂之间的沟通，以及探索死后世界、鬼神等现象的一门学问。

1880年代以后，欧美的灵学研究传入日本，日本人将psychical research译为“灵学”、“灵魂之学”或“心灵研究”。灵学（包括催眠术、千里眼等）在日本也有很蓬勃的发展，并引起许多辩论。中国的留日学生与旅日华侨对此也深感兴趣，曾在横滨组织“中国心灵俱乐部”（1908）、在神户成立“中国精神研究会”（1911），研究催眠术。清末民初日本的灵学研究

又从不同管道传入中国。当时传入中国的灵学，其内容非常复杂，约有以下五类：一、“心灵感通”，认为人与人可以通过心灵感应，交流思想；二、催眠术；三、特异功能，宣扬有些人具有遥视、透视的能力，如千里眼、天眼通；四、妖怪学，研究妖怪与鬼物；五、“降神术”，宣传人的灵魂可与鬼神沟通，代鬼神宣言。这几项又与中国传统中的降仙童、迎紫姑、扶乩、讨亡术、祝由科等结合在一起，而深深吸引国人之注意。在中国各地成立的一些有关催眠术、灵学研究的团体有“上海灵学会”“灵学研究社”“预知研究会”“中国心灵研究会”“催眠协会”“变态心理学会”“催眠养成所”“中国精神研究会”等。其中上海灵学会最有名。

上海灵学会成立于1917年的秋天，1918年发行《灵学丛志》，以宣扬灵学研究为其宗旨。《灵学丛志》于1918年出版了10期，1919、1920年各出版了4期，至1921年改为季刊，出版了1期。因此，1917年至1920年可谓上海灵学会的全盛时期；1921年之后该会性质有所转变，学术研究之性格转弱，再度回复到一个以扶乩、施药与慈善工作为主的团体，这一直延续到1940年代的中、后期方才结束。

上海灵学会一方面受到西方灵学研究影响，另一方面也有传统的根源。清末民初时随着西方灵学、精神研究与催眠术的传入，许多人发现扶乩与此密切相关。徐珂就说，“新学家往往斥扶乩之术为迷信，其实精神作用，神与会合，自尔通灵，无足奇也”。上海灵学会之参与者即秉持着此一观点，企图将扶乩与西方的精神、灵魂之说结合在一起。该会的代表人物有陆费逵、俞复等。

严复为近代中国引介西学的重要人物，对新观念在中国的传播有重大的影响。曾经留学英国，并担任北大首届校长的严复是少数在《灵学丛志》上公开支持灵学研究的新知识分子。

严复对灵学的态度与陆费逵、俞复等人类似，然更为深刻。要了解严复对灵学的看法，首先要了解他的宗教背景。严复所生长的福建福州地区宗教气氛一直很浓厚。他的友人陈宝琛和沈曾植均笃信扶乩，郑孝胥相信灵魂之说，陈衍的《石遗室诗话》也谈到当时福建士人所作的许多“乩诗”等。严复即生长于此一环境，自幼受到佛教、道教与其他民间宗教的影响。（参见上文有关“严复与尚书祖庙”一节）

严复的宗教观念不完全受到传统影响，也与他对科学与灵学的思考有关系。严复在1918年1月所写的《与俞复书》（刊于《灵学丛志》）中，很详细地介绍了西方灵学研究的进展与中西之间相互发明之处。他首先说明为何神秘之事会成为研究的对象：“世间之大、现象之多，实有发生非科学公例所能作解者。何得以不合吾例，憪然遂指为虚？此数十年来神秘所以渐成专科。”

其次，严复指出有三个有关力、光、声而难以解答的科学问题：第一，“大力常住，则一切动法，力为之先；今则见动不知力主”；第二，“光浪发生，恒由化合；今则神光焕发，不识由来”；第三，“声浪由于震颤；今则但有声浪，而不知颤者为何”。严复又举了两个有关哲学、心理学的难题：“事见于远，同时可知。变起后来，预言先决。”这些问题虽有一些研究，却尚未“明白解决”，因此有待探索。

严复则对俞复发起上海灵学会来解决未知之难题深表敬佩。他说：“先生以先觉之姿，发起斯事，叙述详慎，不妄增损，入手已自不差，令人景仰无已。《丛志》拾册，分俵知交，半日而尽。则可知此事研究，为人人之所赞成明矣。”最后，严复为了呼应上海灵学会的“盛德坛”所从事的扶乩是可信的，他举了陈宝琛在1887年从事扶乩且预言十分准确的经验，来证明“孰谓冥冥中无鬼神哉”！

1918年2月，严复收到第2期杂志之后，又写了一封信给侯毅，此一封信亦刊于《灵学丛志》。这一封信则详述英国1882年所创设的英国灵学会。他认为该会研究成果丰硕，“会员纪载、论说、见闻，至今已不下数十巨册……会中巨子，不过五、六公，皆科哲名家，而于灵学皆有著述行世”。根据这些作品所述“离奇吊诡，有必不可以科学原则公例通者，缕指难罄”。他并写到皇家学会高级会员、曾任英国灵学会之会长的巴威廉（Sir William Barrett，1844—1925，曾任都柏林大学物理学教授），在英国的一个刊物*Contemporary Review*（《当代评论》）上写了一篇介绍灵学研究的文章。这一篇文章原名：

“The Deeper Issues of Psychical Research”(《心灵研究之进境》),《东方杂志》也在1918年由罗罗翻译了这一篇文章，文中强调“物质的平面，非宇宙之全体。外部意识的自我，亦非人格之全体”。严复详细地介绍该文所阐释灵学之内容，又说灵学并非“左道”：

> 会中所为，不涉左道，其所研究六事：一、心灵感通之事。二、催眠术所发现者。三、眼通之能事。四、出神离魂之事。五、六尘之变，非科学所可解说者。六、历史纪载关于上项者。所言皆极有价值。终言一大事，证明人生灵明，必不与形体同尽。又人心大用，存乎感通，无孤立之境。

严复接着将西方灵学之中“灵魂感通”的观念与传统看法做一比较：“其言乃与《大易》‘精气为魂，感而遂通’，及《老子》‘知常’、佛氏‘性海’诸说悉合。而嵇叔夜形神相待为存立，与近世物质家脑海神囿之谈，皆堕地矣”。

其中《易经》的观念是指《易经·系辞上传》所谓：“原始反终，故知死生之说。精气为物，游魂为变，是故知鬼神之情状。……易无思也，无为也，寂然不动，感而遂通天下之故。”“知常”出自《老子》“致虚极，守静笃，万物并作，吾以观复：夫物芸芸，各复归其根。归根曰静，是曰复命，复命曰常。知常曰明，不知常，妄作凶”(第16章)。“性海”为佛教语，指真如之理性深广如海。由此可见严复将西方灵学同《易经》《老子》及佛法等相提并论。严复的想法并不例外，当时有一些类似的观点。如清末举人、工诗词书画的余觉（1868—1951）在写给陆费逵的信中说："灵学者，实为凡百科学之冠，可以浚智慧，增道德，养精神，通天人。《易》言知鬼神之情状，其惟圣人乎！则灵学者，即谓之圣学可也。"

严复又介绍了人鬼交际现象，在中国数千年以来是靠巫觋，国外则用中人（medium），如英国的霍蒙（D. D. Home）与摩瑟思（S. Moses）。在西方为了通灵采取的方法类似中国的扶乩，即是：

> 西人则以围坐抚几法，于室中置圆几一、三人以上同坐。齐足闭目，两首平按几上。数夕［此字疑有误，或为"分"］之后，几忽旋转，或自倾侧，及于室中墙壁、地板作种种声响。乃与灵约，用字母号码，如电报然，而问答之事遂起。

文中所述即西方所谓"转桌术"。严复指出无论是扶乩或转桌术，参与者必须"以冲虚请愿之诚相向，而后种种灵异从而发生"，就此而言西方的转桌术似乎要比中国的扶乩更能避免"人意干涉"：

愚意谓以扶乩与围坐相持并论，似我法待人者为多，不若围坐之较能放任。即如乩中文字，往往以通人扶之，则亦明妙通达；而下者不能。此不必骛手有意主张，而果效之见于乩盘者，往往如是。其减损价值，亦不少也。

上文显示严复很谨慎地指出许多降灵之事涉及人们心中有意或无意之干预，导致影响其结果。但是他仍然相信以虔诚的态度来祈求，会发生灵异之事。

严复并根据巴威廉的文章介绍了西方转桌术的一个故事，来说明灵魂在生前亦可脱离躯壳而独立作用：

游魂为变之事，不必死后乃然，亦不必羸病之躯而后有此。尝有少年，在家与其父弹球，罢后困卧。梦至旧游人家，值其围坐，乃报名说事，告以一日所为。后时查询，一一符合。由此而言，则入乩者政[按：原文如此]不必已死之神鬼。

在介绍了上述的故事之后，严复从两方面来解释此一现象：一方面他接受巴威廉的解释，认为“此等事不关形质，全属心脑作用”；另一方面他认为“吾身神灵无穷，而心脑之所发现有限”。同时，严复也采用巴威廉文章之中所用的光学与电学的比喻来说明目前人们无法了解的灵魂之感通：

譬如彩虹七光，其动浪长短，存于碧前赤后者，亦皆无尽；而为功于大地者，较之七光所为，尤为极巨。惟限于六尘者，自不足以见之耳。虽世变日蕃，脱有偶合，则亦循业发现，此如无线电、恋占光线，其已事也。

严复在此阐述一套理论，将人分为脑、心、灵魂等层次，脑所能控制的是躯壳，心灵则能脱离躯壳。扶乩或转桌术即是生人或死人的灵魂，占入他人躯体而产生之现象。简单地说，严复接受英国灵学会会长巴威廉的想法，正如《灵学丛志》所写的，肯定有一个脱离物质的脑之外的心灵世界，且此一心灵在死后继续存在，故死亡不是生命的终点。

严复不但介绍西方灵学之理论，而且认为这一套理论与中国传统的许多观点是相配合的。在扶乩或转桌术的过程中，所起作用的包括："吾国向有元神会合之说"，"古所谓离魂，与修炼家所谓出神，皆可离躯壳而有独立之作用……此事皆吾先德所已言"，"如庄子所谓官知止而神欲行，及薪尽火传诸说"。

最后严复谈到以往他对"灵魂不死"的学说原来存有怀疑，他本来采取的是赫胥黎所秉持的"不可知论"(agnosticism)，亦即"于出世间事存而不论"的立场；但随着年龄的增长，他开始接受"灵魂不死"之说。严复接受灵学的观点显然不是无迹可寻。其实，早在1898年，他翻译赫胥黎《天演论》之时，他即用佛教的"不可思议"的观点来说明"涅槃"。对他来说，灵学所研究的课题正是属于佛教所谓“不可思议”之范畴。

总之，严复依据本身的宗教经验、他对西方灵学与科学之认识，来重新界定宗教、迷信与科学之关系。他早在1912年教育部举办的一个题为《进化天演》的演讲之中，强调以下的看法：

一、宗教是人类社会一定存在之现象。“有社会必有宗教，其程度高下不同，而其有之也则一。然则宗教者，固民生所不可须臾离者欤”。宗教起源于初民社会，当时开始出现宗教家，肯定神与死后的存在，“有笃信主宰，谓世间一切皆有神权，即至生民，其身虽亡，必有魂魄，以为长存之精气者”。

二、随着演化，社会中也出现了“研究物情，深求理数之人”，其被称为“学术家”，此亦象征着科学的进步。

三、学术的扩张（包括科学的进步）会导致宗教范围之缩小，乃至两者之间的冲突。严复指出：“宗教、学术二者同出于古初，当进化程度较浅之时（按：应指宗教）范围极广，而学术之事亦多杂以宗教观念，无纯粹之宗风，必至进化程度日高，于是学术之疆界日涨，宗教之范围日缩。两者互为消长，甚至或至于冲突，此至今而实然者也。”

四、虽然宗教、学术两者在发展过程中必然会起冲突，不过学术扩张所导致的其实不是宗教范围的缩小，而是宗教之中迷信部分的缩小，而使宗教之内容“日精”。严复说：“学术日隆，所必日消者特迷信耳，而真宗教则俨然不动”；“宗教日精，由迷信之日寡也，宗教、迷信二者之不可混如此也”。

五、这样一来，学术与宗教并无根本的矛盾，反而可以互相补足、相互提升。严复认为学术无论如何进步，都有无法完全解释之处，而学术所无法解释之处，即宗教产生之处。换言之，所有的社会之中只要有“不可知者”的领域存在，就会通过宗教来解释不可知的现象，那么宗教就不会被人们放弃。严复说：“盖学术任何进步，而世间必有不可知者存。不可知长存，则宗教终不废。学术之所以穷，则宗教之所由起。”

六、从以上的理论来推论，科学、宗教、迷信三者的关系即“由是而知必科学日明，而后宗教日精，宗教日精由迷信之日寡也”。

严复所提出科学、宗教、迷信之关系的看法与《新青年》作者如胡适、陈独秀等人所强调宗教即迷信，而科学与迷信两不兼容的知识观是很不相同的。严复肯定宗教的意义，并赋予宗教与科学不相矛盾、宗教与迷信相互排斥的界定，在近代思想史上代表了“五四”主流论述之外的另一个声音，许多宗教界人士无疑地较支持他的说法，而后来“科玄论战”中玄学派所秉持的观点，亦与此一思路有密切的关系。

严复对“五四”时期新旧学人之影响

对清末民初许多的读书人来说严复是一位西学的导师，他从1895年开始撰写文章与翻译西书，“在文学上的优越性使他广泛地影响士人阶层及其思想，因而有效地为国人接受西学导其先路”。诚如王世杰所说他对当时的新旧人物均有很大的影响，“在清末民初，确能了解西洋政治及社会思想之人，曾作直接译介工作而不假手于日人之转述者，余意以严复为最。此人译作对于吾国当时新旧学人具有甚大之影响力”。

“五四”时期活跃于中国思想界的趋新人物，如梁启超、鲁迅、胡适、陈独秀、吴虞、蔡元培、孙宝瑄、钱玄同等人几乎无人不受其影响。严复的影响首先是《天演论》的翻译促成新一代科学宇宙观的建立，以及介绍当时西方最流行的社会科学、哲学作品。梁启超、胡适、鲁迅与蔡元培等人接受西方的科学观念，尤其是演化理论，都受到严复译作之启迪。梁启超在1897年所撰写的《与严又陵先生书》表示：“知天下之爱我者，舍父师之外，无如严先生；天下之知我，而能教我者，舍父师之外，无如严先生。”在严复的介绍下，梁认识到“为数百年来学术界开一新国土者，实倍根与笛卡儿”。史华慈认为：“严复对于梁启超后来发展的影响远比其师康有为对他的影响来得深刻。”张朋园则指出，“严译《天演论》及所撰四篇传诵一时的文章，对‘笔端常带感情’的梁启超有所影响，后来梁氏在日本广泛接触此一学说，其个人所撰文字，多以进化论为理论架构，社会达尔文主义才在中国社会发生了重大的影响”。由此可见严复对梁启超之影响，而梁氏的著作又影响了许多人。

胡适也是一个很好的例子，他从中学开始就阅读严复的译作，“几年之中，这种思想像野火一样，延烧着许多少年的心和血。‘天演’、‘物竞’、‘淘汰’、‘天择’等等术语都渐渐成了报纸文章的熟语，渐渐成了一般爱国志士的‘口头禅’。……我自己的名字也是这种风气底下的纪念品”。鲁迅也佩服严复“究竟是‘做’过赫胥黎《天演论》的，的确与众不同：是一个十九世纪末中国感觉敏锐的人”。他在闲暇之时喜欢和朋友一起吃花生米，比赛背诵《天演论》的篇章。后来鲁迅又接受了日本人丘浅次郎（1868—1944）所译介的“进化论”，使他懂得了什么是真正的生物进化论及此一理论的适用范围，不过丘浅次郎虽影响了鲁迅对进化论的认识，然并未改变鲁迅进化论之伦理内核（反对“任天为治”“有强权而无公理”的丛林法则），这一点和严复在翻译赫胥黎《天演论》一书时的立场是一致的。

蔡元培（1868—1940）在1899年1月28日的日记记载“读严复所译赫胥黎《天演论》二卷”，他并精确地摘述书中的要旨“大意谓物莫不始于物竞，而存于天择，而人则能以保群之术争胜天行……是故天行、人治，终古相消长也。然而近日名数质力之学已精，而身心性命道德治平之业，尚不过略窥大意，则推暨之程，不容自阻，而胜天为治之说，终无以易也”。《天演论》一书对蔡元培有重要的影响，使他了解“练心之要，进化之义”，并进而贯通中西学说，“豁然拨云雾而睹青天”。蔡元培又说他对西方哲学的认识也是受到严复、谭嗣同等“先觉”的影响。他说：“五十年来介绍西洋哲学的，要推侯官严复为第一”：

> 他译的最早，而且在社会上最有影响的，是赫胥黎的《天演论》(Huxley: Evolution and Ethics and other Essays)。自此书出后，“物竞”“争存”“优胜劣败”等词，成为人人的口头禅。严氏在案语里面很引了“人各自由，而以他人之自由为界”，“大利所在，必其两利”等格言。又也引了斯宾塞尔最乐观的学说。大家都不很注意。

当时和蔡元培一样在日记中记载细读《天演论》，又写下读后心得的人是孙宝瑄（1874—1924），他在友人介绍下从1897年夏天开始得知严译《天演论》，12月初第一次见到《治功天演论》一书，初4日开始阅读，记下“《天演论》宗旨，要在以人胜天”，其后陆续阅读，而开始质疑佛典中“化身度世”的观念，写道“执天演无魂之说，则无托生，亦无佛，安有度之者？”由此可见一种相信“无鬼神”的、新的宇宙观开始在孙宝瑄思想中萌芽。

“五四”新文化运动的支持者、《新青年》的编辑之一钱玄同（1887—1939）与严复的想法颇不相符。他一方面大力批评“桐城谬种”（评林纾），并受章太炎影响，认为严译“其有颠倒原文，淆乱真意之处”，但他也广泛地阅读严复译作，并受其影响。1906年钱玄同读到严复在《中外日报》所撰写的《有强权无公理此语信欤》，认为其观点是“暮鼓晨钟”，同时他又透过严复所著《英文汉诂》学习英文文法，后来他在书店购买“严译《天演论》初刻本”，并购买严复的文集《侯官严氏三种》，两次购买《侯官严氏丛刻》，“两本相配，始成全璧”。

除了趋新人物，一些地方上的小知识分子或思想上较为守旧之人也读严译，而认识新知。温州读书人张棡（1860—1942）在光绪二十七年（1901）四月十五日的日记写到友人戴小泉“本日午后，忽遣佣来，送到严复新译《原富》甲部二册与余，中多新理新义，阅之不觉耳目一扩，即手书复谢，并嘱其向南洋公学代买《天演论》及《原富》乙、丙部也。南洋公学小泉次令郎在彼处肄业，故可就之代购耳”。另一位温州读书人刘绍宽（1867—1942）于1902—1903年的日记中记载他阅读严复的

《原强》、《穆勒名学》与《群学肄言》等作品。他谈到与友人讨论《群学肄言》:“子蕃谓《群学肄言》英斯宾塞尔著，侯官严复译。理不甚新，惟多用科学语，故觉其新耳。余谓不觉其新者，以其所言皆切理餍心也。夫切理餍心，皆为人人心中应有之言，而不觉其生厌者，正为其新耳”(光绪二十九年十一月初十日)。刘绍宽和他的朋友一方面开始接触到新的科学语汇，同时也为其所说服，而采纳了新的观点。

江苏无锡的钱穆也是此类地方性的边缘知识分子，他提到1911年他到秦家水渠三兼小学任教，该校教师秦仲立介绍他阅读严复翻译的《群学肄言》《穆勒名学》，两人并交换读后感想，“余自读此两书，遂遍读严氏所译各书，然终以此两书受感最深，得益匪浅”。

严复著作之所以吸引读者的目光，主要就是因为《天演论》等作品所带来新的科学宇宙观，使他们以一种新的眼光面对未来。清末民初之时无论改革派或革命派均从“天演公例”“进化公理”来鼓吹自己的主张。改良派的康有为与梁启超将天演观念与“公羊三世说”结合，主张阶段性的“三世进化”。邹容(1885—1905)在《革命军》(1903)中说:“革命者，天演之公例也；革命者，世界之公理也；革命者，争存争亡过渡时代之要义也：革命者，顺乎天而应乎人者也；革命者，去腐败而存良善者也；革命者，由野蛮而进文明者也；革命者，除奴隶而为主人者也。”

以“天演公例”为基础的思维模式也带来一种全球性的视野，看到世界各种族、各国家之间的竞争与比较。严复最早从中西文化对比之方式，揭示中国的落后与西方的进步，而开始鼓吹民主与科学的核心价值，奠定了“五四”以来中国现代文化发展之基调。他在1895年的《论世变之亟》写道：

> 中国最重三纲，而西人首明平等；中国亲亲，而西人尚贤；中国以孝治天下，而西人以公治天下；中国尊主，而西人隆民；中国贵一道而同风，而西人喜党居而州处……。

严复指出西方文化的强盛在于其系统性，其命脉不是表面上的“汽机兵械”“天算格致”，而是内在的一种精神：

> 苟扼要而谈，不外于学术则黜伪而崇真，于刑政则屈私以为公而已。斯二者，与中国理道初无异也。顾彼行之而常通，吾行之而常病者，则自由不自由异耳。

严复上文中所谓“黜伪而崇真”即“五四”时期所谓“赛先生”(science)，而“屈私以为公”则是“德先生”(democracy)。

在科学方面，严复认为其主旨即是“黜伪而崇真”，亦即追求真理，而此一真理是否合乎道德则不在考虑之范围，他明确表示“科学之事，主于所明之诚妄而已，其合于仁义与否，非所容心也”。

他注意到中西双方都有“即物穷理”“格物致知”的学术传统，然而西方近代以来：

> 言学则先物理而后文词，重达用而薄藻饰。且其教子弟也，尤必使自竭其耳目，自致其心思，贵自得而贱因人，喜善疑而慎信古。其名数诸学，则借以教致思穷理之术；其力质诸学，则假以导观物察变之方，而其本事，则筌蹄之于鱼兔而已矣。故赫胥黎曰：“读书得智，是第二手事，唯能以宇宙为我简编，民物为我文字者，斯真学耳。”此西洋教民要术也。

相对来说，中国研究学问则强调上述的“读书得智”或“读书穷理”，尤其是专注于以古书为准的词章考据之学。

中国又以这种学术标准来选拔人才，因而出现科举制度所选拔之人才“十九鹘突于人情物理”，而不切实用。严复的结论是“是故欲开民智，非讲西学不可；欲讲实学，非另立选举之法，别开用人之涂，而废八股、试帖、策论诸制科不可”。同时，为了“开民智”需要提倡科学教育，“中国此后教育，在在宜着意科学，使学者之心虑沉潜浸渍于因果实证之间，庶他日学成，有疗病起弱之实力，能破旧学之拘挛，而其于图新也审，则真中国之幸福矣”。

此一体认也让严复注意到学术与政治乃彼此相关，亦即西方的学术进步是以一套政治体制为背景，而归结到“以自由为体，以民主为用”的政治架构与价值观念。他又翻译弥尔的《群己权界论》，介绍自由主义的政治哲学。这一种对西方体制精髓的深入认识超越了同时代的许多学者，“中国西学第一者”（康有为语）的美名并非浪得虚名。

从西方自由、民主理念出发，严复对中国君主专制提出严厉的批评，他认为此制“正所谓大盗窃国者耳。国谁窃？转相窃之于民而已”。严复所提出政权合法性之来源一是孟子的“民贵君轻”，一是“民之自由，天之所畀也”、“国者，斯民之公产也，王侯将相者，通国之公仆隶也”的“公仆说”、天赋人权论与社会契约论。

上述强调民主、科学、反专制的想法是清末民初国人“走向共和”的重要精神支柱。严复思想的冲击力与他所采取的全球性的视野，以及中西文化对比的手法有关，他一方面颂扬西方的优点“西之人以日进无疆，既盛不可复衰，既治不可复乱，为学术政化之极则”，另一方面则抨击中国制度与文化的落后，只能陷入“一治一乱、一盛一衰”的困局。林毓生认为严复于1895年所发表的《论世变之亟》《救亡决论》《辟韩》等文：“这种以——不是黑的就是白的——二分法来衡量中西制度与文化的价值与功效的方式，已经隐含着极强的反传统的信息——它事实上是现代激进反传统主义的滥觞。（这样的对比，发展到了极端，自然要认为西方文明全是好的，中国文明全是坏的，自然要变成整体主义的反传统主义与全盘西化论了）。”的确，“五四”时期思想家对传统的批判，常常采取二元对立的模式。例如陈独秀在1915年所撰写的《东西民族根本思想之差异》即以二元对立的论述方式，来讨论东西方思想的主要差异：西洋民族以个人为本位，东洋民族以家族为本位；西洋民族以法治为本位，东洋民族以感情为本位；西洋民族以实力为本位，东洋民族以虚文为本位；西洋民族以科学为本位，东洋民族以想象为本位等。陈独秀在1919年《新青年》所撰写的《本志罪案之答辩书》指出：

> 本志同仁本来无罪，只因为拥护那德莫克拉西（Democracy）和赛因斯（Science）两位先生，才犯了这几条滔天的大罪，要拥护那德先生，便不得不反对孔教、礼法、贞节、旧伦理、旧政治；要拥护那赛先生，便不得不反对旧艺术、旧宗教；要拥护德先生又要拥护赛先生，便不得不反对国粹和旧文学。大家平心细想，本志除了拥护德、赛两先生之外，还有别项罪案没有呢？若是没有，请你们不用专门非难本志，要有气力有胆量来反对德、赛两先生，才算是好汉，才算是根本的办法。

1916年李大钊在《新青年》发表《青春》一文，主张面对老朽、濒灭之“支那”，希望追求民族国家之“回春”，也用相同的逻辑，“由历史考之，新兴之国族与陈腐之国族遇，陈腐者必败，朝气横溢之生命力与死灰沉滞之生命力遇，死灰沉滞者必败。青春之国民与白首之国民遇，白首者必败，此殆天演之公例，莫或能逃者也”。此种借着“天演公例”来讨论中西文化优劣的论述方式，认为生物固然有生死，国家或文明之兴亡，亦如有机体之有生死，再由此提出反传统之主张，可以追溯到严复的著作。换言之，“五四”时期将民主、科学与反传统三者结合在一起，作为建设新中国之蓝图，是由严复的作品开其端，而至“五四”时期由《新青年》等杂志的撰稿人继承并发扬光大。由此可见严复思想与“五四”新文化运动之关联。

严复与“五四”新文化运动的思想分歧

严复一方面虽是“五四”启蒙论述的开创者，然另一方面他的看法与“五四”启蒙论述有所不同。这样的观点在早期阶段即已存在，而至第一次世界大战之后更为强化。笔者在此要特别强调儒家伦理与宗教信仰两方面。

首先要谈到严复对传统儒家伦理抱持着尊崇与肯定态度，此一观点与“五四”时期对传统的激烈抨击，尤其对传统的家庭组织、家长权威与孝行抱持着批判的态度，截然不同。如上所述，严复在1895年的文章中曾批评“三纲”或“以孝治天下”为基础的专制体制，然而他毕生均肯定儒家伦理，尤其是孝道。1866年冬天，12岁的严复参加了马尾福州船政学堂的入学考试。其中的笔试考作文，题目出自《孟子·万章》的“大孝终身慕父母论”，当时严复的父亲刚去世，使他对此一题目深有感触，因而能发抒内心情感，“成文数百言以进，为沈公[沈葆桢]所赏，遂录取第一”。在进入船政学堂之后，严复与其他的学生除了学习西学，还必须以部分时间来学习古文，并研读《孝经》与《圣谕广训》等教材，“以明义理”。严复对“孝道”的肯定应该是植根于幼年时的家庭生活与学校教育。

严复对“孝”在中国文化中的重要性深有体认。1890年代后期，他奉李鸿章之命，将宓克（Alexander Michie，1833—1902）的*Missionaries in China*（1891）一书翻译为中文，以解决当时十分棘手的“教案”问题。严复的译本被称为《支那教案论》（由南洋公学译书院在1899年出版）。宓克为英国苏格兰人，根据伦敦大学亚非学院档案馆的资料，他是一位作家、探险者与洋行商人，并担任伦敦《泰晤士报》驻中国的通讯员，以及天津*The Chinese Times*的编者，1893年返回伦敦。他是严复的朋友，“于中国绝爱护之”。他批评当时传教士的传教方法，“深忧夫民教不和，终必祸延两国”，引发国际纠纷，“而又悯西人之来华传教者，胶执成见，罕知变通，徒是己而非人，绝不为解嫌释怨之计，故著是书以讽之”。可见作者写作的意图是希望通过对传教士的开导，来缓解日益激烈的教民冲突。严复同意宓克的观点，认为传教士的活动应以法律来规范，并奠基于宗教自由的原则。宓克也强调传教士必须了解源远流长的中国文化有其“好处”，如将之抹杀“正自弃其纳约自牖之资，而将景教流传之机，自行断绝”。他指出，“华人所以齐家，所以治国，皆以孝为大经，自天子至于庶人，皆以孝为制行之本”。严复在此段之下加上评语，肯定作者之观察，认为“孝”

类似西方的基督教那样的信仰，是中国真正的宗教，并影响到人们生活的各个方面。

史华慈很精确地指出严复不但了解孝道为儒家的核心价值，而且他“发现孝道在中国社会所起的作用，相当于基督教在西方社会所起的作用……孝道与西方意义的宗教若合符节”。史华慈进一步追问孝道如何与严复所追求的国家富强配合？他认为“严复始终对孝道寄予希望，他相信孝道所内含的自我牺牲和自我克制精神，也许会像西方基督教如英国清教徒的情况那样，给中国民众中民族主义的自我牺牲精神以道德上的支持”，甚至可能像日本那样，以传统的孝道所培养出克己与服从的观念，转化为服从权威、尽忠职守的精神力量，用来推进富强的进程。

严复不但在思想上肯定孝道的重要性，他也肯定好友之孝行。吕增祥过世后，他在诗中多次言及其仰慕之情，而肯定其至孝的行为“盖代循良宰，吾思吕太微。临财如触热，好善怒輖饥。至孝神应泣，论文瑟已希。墓田今宿草，黄鸟绕林飞”。

除了孝道，严复也肯定儒家伦理的其他面向。例如，由于他的性格、生活经验，以及对“国情”的考虑，他从不提倡一夫一妻（他曾二度娶妻，并有一妾），也一直反对婚姻自由，对儒家所强调的伦理道德，如恕道、忠孝、节义，“女必贞，男必勇”等则坚守不移。

严复在德育方面的看法基本上跟着传统。他说西人之德育“进于古者”非常有限，所以德育要以中国固有的“经常之道”为基础，再配合其他的方面。严复说德育要教导儒家的“忠信廉贞，公恕正直，本之修己以为及人”。更具体地说，严复认为德育的基础是儒家的“五伦”。

当然，以上严复强调儒家伦理的例子并非写于激烈反传统的1890年代，然而他对儒家伦理的基本条目，如孝、忠恕、絜矩之道，与《大学》八纲目等的肯定显然是不曾改变的。

对严复来说，儒家的价值不仅是个人的修身，也与建立新的政治社会秩序有密切的关系。严复认为“自由”即是儒家的恕与絜矩之道，“自入群而后，我自繇者人亦自繇，使无限制约束，便入强权世界，而相冲突。故曰人得自繇，而必以他人之自繇为界，此则《大学》絜矩之道，君子所恃以平天下者矣”。他又说人们表现出推己及人的“恕”与“絜矩之道”，就能够实现西方自治、自由、自利等理想，也就能达成富强的目标，换言之“恕”“絜矩”“自治”“自由”“利民”“富强”六者贯通在严复的理想之下，“是故富强者，不外利民之政也，而必自民之能自利始；能自利自能自由始；能自由自能自治始，能自治者，必其能恕、能用絜矩之道者也”。这样一来，儒家的道德理想对于治国平天下有重要的意义。

不容讳言，严复德育思想的焦点在前后期有所不同，早年较重视“新民德”，亦即强调公民资格的建立，1906年以后则较为提倡以传统德目，尤其是“孝”为中心的“德育”。至晚年，尤其是欧战后，在严复与熊纯如的通信之中他对儒家的肯定又提升到更高的地位。整体来说，严复对儒家伦理之态度及会通中西的理想使他与“五四”新文化运动之支持者有根本的分歧。

严复与“五四”新文化运动支持者的第二个分歧是有关宗教。严复一生都不排斥宗教经验，曾说“世间之大、现象之多，实有发生非科学公例所能作解者”，他也劝他的孩子“人生阅历，实有许多不可纯以科学通者，更不敢将幽冥之端，一概抹杀”。一般人多注意到严复提倡西方科学，然而对他而言科学与宗教并不相冲突。

严复的宗教信仰受到早年生活的影响，他的妻子王氏是一位虔诚的佛教徒，她过世之后严复及其子女均以礼佛或手抄《金刚经》的方式来纪念她。严复在一封写给儿子们的信中说：“老病之夫，固无地可期舒适耳。然尚勉强写得《金刚经》一部，以资汝亡过嫡母冥福。”

他晚年在故乡筹建“尚书祖庙”、支持灵学会之事上文曾有所讨论。笔者在此拟强调，他的宗教信仰除了源自早年生活，也有西学之根基。此点可以从他以传统词语“不可思议”来翻译赫胥黎与斯宾塞的 unknowable、agnostic 的观念来做说明。

“不可思议”是佛教术语，也作“不思议”“摩诃不思议”“摩诃不可思议”等。佛经的《维摩诘所说经·不思议品》认为佛陀有凡人无法想象的思维（“思”）、无法言说表达（“议”）的微妙境界，用现代话来说就是“超验”的智慧和神通。至于“不可知论”（agnosticism），是赫胥黎于1869年所发明的一个词，用来形容自己的哲学观点。此一观点认为形上学的一些问题，例如是否有来世，鬼神、天主是否存在等，是不为人知或者根本无法知道的想法或理论。不可知论包含着宗教怀疑主义，他们不像无神论者一样否认神的存在，只是认为人不能知道或确认其存在。对不可知论者来说，人类没办法能得知世上的真理，他们并批评无神论者过于武断和鲁莽。在此要略为说明赫胥黎对基督教的态度，赫胥黎对基督教无疑地有摧毁性的打击，然而他对基督教本身并不反感，而且他对《圣经》的内容十分熟悉，甚至很肯定阅读《圣经》在教育上的重要性。他所攻击的是基督教中玄学、迷信与传说（灵异、灵迹）的部分，希望能建立科学的神学。

当严复用“不可思议”来翻译“不可知论”时，他一方面接受赫胥黎对无神论的批判，肯定人类有知觉之外不可知的领域，但另一方面他又肯定佛教对于“真理”，亦即一种超验智慧的掌握。换言之，严复认为佛教能从“名言之域”进入“超名言之域”，“能说说不得的东西”（道家所谓“道可道非常道”）。就此而言，严复以“不可思议”来翻译“不可知论”时具有改写、挪用的特点，是在认识论上的“升级”。在这一方面胡适也有类似之处，根据江勇振的分析，胡适将赫胥黎的“不可知论”翻译为“存疑主义”，用来宣扬他自己的“无神论”。严复显然比胡适更清楚地了解赫胥黎的“不可知论”并非“无神论”，然而他比赫胥黎更倾向肯定宗教与超越的一面，相信人类能够掌握“超名言之域”之“不可思议”(例如“灵学”即为其中的一种方法)。

严复著作最早提及“不可思议”的是《天演论》中的《论九：真幻》，此处是为了说明赫胥黎对“物之本体”的想法乃“思议所不可及”。在《导言十八：新反》的按语之中，严复写道:“然则郅治极休，如斯宾塞所云云者，固无有乎？曰：难言也。大抵宇宙究竟与其元始，同于不可思议。不可思议云者，谓不可以名理论证也。”此处指宇宙究竟或其起源或人类未来最后能达到的境界究竟如何是“不可以名理论证”的，此即“不可思议”。在《论五：天刑》“复案”之中，他表示此一观念源于斯宾塞，“斯宾塞尔著《天演公例》，谓教、学二宗，皆以不可思议为起点，即竺乾所谓不二法门者也。其言至为奥博，可与前论参观”。

严复对“不可思议”的认识不但受到赫胥黎、斯宾塞理论之影响，也保留了佛教原来的意涵。在《论十：佛法》之中，赫胥黎在介绍“涅槃”一概念时表示:“顾世尊一大事因缘，正为超出生死，所谓廓然空寂，无有圣人，而后为幻梦之大觉。大觉非他，涅槃是已。然涅槃究义云何？学者至今莫为定论，不可思议，而后成不二门也。若取其粗者诠之，则以无欲无为，无识无相，湛然寂静，而又能仁为归，必入无余涅槃而灭度之。而后羯摩不受轮转，而爱河苦海，永息迷波。此释道究竟也。”按语之中，严复指出“不可思议”是指“寂不真寂，灭不真灭”，乃“诸理会归最上之一理”。

由此可见严复用“不可思议”来描写“诸理会归最上之一理”和“寂不真寂，灭不真灭”。至严复翻译《穆勒名学》（1900—1902年间翻译），他对“思议”“不可思议”的意义有更为深入的认识，他了解到“名学者，思议之学”（the science of reasoning）。名学所处理的是相对的概念，而不可思议的“物本体”是“无对”。严复精确地翻译出弥尔有关康德（Immanuel Kant，1724—1804）对于现象与本体之区别。严复认为如佛教的“真如”与基督教的“上帝”即为“不可思议”：“释氏尝以真如为无对矣，而景教……则以上帝为无对矣。顾其说推之至尽，未有不自相违反者。是以不二之门，文字言语道断，而为不可思议也。”老子所谓“道”、《周易》所谓“太极”亦为“不可思议”。

总之，严复并不像赫胥黎那样对“不可知”的“出世间事”完全存而不论，而是认为“可知”与“不可知”在历史上是会变动的，随着科学的发展，“可知”之范围可能会越来越广。这样一来，“不可思议”的存在显示严复看到“科学”的局限，以及未来可能面对的挑战，如此“乃有进步”。故不宜将一切目前科学无法解释的现象完全归之于“迷信”或虚幻。他在给俞复的一封信中说：“世间之大、现象之多，实有发生非科学公例所能作解者。何得以不合吾例，憪然遂指为虚?”

其次，严复的“不可思议”“不可知论”更积极地给予“宗教”或“超越智慧”、死后世界、“灵魂不死”等想法一个合理的、可以存在的范畴。对他来说，佛教的“涅槃”或老子的“道”，都是在逻辑性的、感观经验之外的境界。这一观念也使他批评“物质主义”或“唯物论”：“若一概不信，则立地成Materialism（物质主义），最下乘法，此其不可一也。”史华慈认为严复肯定“神秘主义”，而拒绝弥尔那样的实证主义。其实对严复来说，他对超越名理论证的形上的“本体”世界的兴趣并非耽溺于抽象之玄思，而是像许多20世纪中国哲学家一样，认为“作为道德之基础（包括严复所强调的儒家伦理，如‘孝’）与痛苦之避难所的内在生活，必须奠基于某种形上的本体论之上。……这种对‘物质主义’的拒绝和后来新儒‘感觉到支离割裂、茫无归着’的恐惧，也有类似之处”。

严复“不可思议”的观念配合了他本身的宗教信仰，他积极地肯定其意义与价值，认为其会通了儒、释、道与基督教对最高真理之探究，并显示科学的局限。严复的想法不但与赫胥黎的“不可知论”不相同，更与“五四”新文化运动支持者（如胡适）的“无神论”有很大的差距。

严复对“五四”新文化运动之批判
——兼论严复与“学衡派”

严复对中西文化的态度在欧战之后有更大的转变。如前所述，欧战期间严复曾协助袁世凯将西方报刊对战争的报道翻译为中文，以《居仁日览》之名进呈，提供袁氏参考。严复对欧战的深入考察，包括德军在战场上的残暴行为的认识，激发出他对国内外战争的批判与对人道主义的倡导。1917年严复作《欧战感赋》一诗，对战争耗费金钱、新武器造成的重大伤亡发出感伤。他感叹西方科学的发展造成杀人利器之日新月异，此乃孟子所谓“率鸟兽以食人”。严复同时亦反省到国际之间的战争实源于狭隘的民族主义与爱国主义，而感叹地说出“自爱国之说兴，而种族之争弥烈，今之欧战其结果也。……夫爱国之义，发源于私，诚不足以增进人道……”。从反省欧战出发，严复对西方科学畸形发展、爱国主义与种族之争所导致的残酷战争深有所感，企望更进一步地回归中国传统。

他此时也对“五四”时期的学生爱国运动、批判传统、反宗教、支持白话文等主张有所不满，认为是一场“举国趋之，如饮狂泉”的灾难。1919年“五四”群众运动正在各地如火如荼地展开，严复在写给熊纯如的信中说：“世事纷纭已极。和会散后，又益以青岛问题，集矢章（章宗祥）、曹（曹汝霖），纵火伤人，继以罢学，牵率罢市……他所学商界合，而闽则学商界分……咄咄学生，救国良苦，顾中国之可救与否不可知，而他日决非此种学生所能济事者，则可决也”；“学生须劝其心勿向外为主，从古学生干预国政，自东汉太学，南宋陈东，皆无良好效果，况今日耶”（1919年6月20日）。

此时四子严璇在唐山工业学校读书，严璇来信告知“唐校学生起哄及汝捐钱五元，以此受人扬誉极不相宜，并结团抵制日货”。严复对此表示“吾心深为不悦”，他劝四子应专心课业，不要过问政治，“如此等事断断非十五六岁学生，如吾儿所当问也”，“随俗迁流，如此直不类严氏家儿，可悲孰逾于此”，“北京章、曹或亦有罪，而学生横厉如此，谁复敢立异，而正理从此不可见矣。嗟夫！多歧亡羊，吾见汝信，恨不即叫儿回家，从此不在各校求学也”。他写了一首诗来劝诫他，“举国方饮狂，昌披等桀纣。慎勿三年学，归来便名母。内政与外交，主者所宿留。就言匹夫责，事岂关童幼。……不胜舐犊情，为儿进苦口”。

1921年他又训示诸儿不必反对“同善社”：“璿年尚稚，现在科学学校，学些算数形学之类，以为天下事理，除却耳目可接，理数可通之外，余皆迷信无稽，此真大错。……吾所不解者：你们何必苦苦与同善社静坐法反对？你们不信，自是与之无缘，置之不论不议之列可尔：他人相信，资以修养，有何害事？……故汝等此后，于此等事，总以少谈为佳，亦不必自矜高明，动辄斥人迷信也。”

他批评接续他担任北京大学校长的蔡元培与其他国民党要人均为“神经病”，不但于世事无补反而有害，“蔡孑民人格甚高，然于世事，往往如庄生所云：‘知其过，而不知其所以过。’偏喜新理，而不识其时之未至，则人虽良士，亦与汪精卫、李石曾、王儒堂（正廷）、章枚叔（炳麟）诸公同归于神经病一流而已，于世事不但无补，且有害也”。

他对于北大胡适、陈独秀的“文白合一”，亦即以文字来配合语言，感到十分不满：

> 北京大学陈（独秀）、胡（适）诸教员主张文白合一，在京久已闻之，彼之为此，意谓西国然也。不知西国为此，乃以语言合之文字，而彼则反是，以文字合之语言。今夫文字语言之所以为优美者，以其名辞富有，着之手口，有以导达要妙精深之理想，状写奇异美丽之物态耳。如刘勰云：“情在词外曰隐，状溢目前曰秀。”梅圣俞（尧臣）云：“含不尽之意，见于言外，状难写之景，如在目前。”又沈隐侯（约）云：“相

如工为形似之言，二班长于情理之说。”今试问欲为此者，将于文言求之呼？抑于白话求之乎？诗之善述情者，无若杜子美（杜甫）之《北征》；能状物者，无如韩吏部（韩愈）之《南山》。设用白话，则高者不过《水浒》《红楼》；下者将同戏曲中簧皮之脚本。就令以此教育，易于普及，而斡弃周鼎，宝此康匏，正无如退化何耳。

严复更断言白话文运动无法长久，“须知此事，全属天演，革命时代学说万千，然而施之人间，优者自存，劣者自败，虽千陈独秀、万胡适、钱玄同，岂能劫持其柄，则亦如春鸟秋虫，听其自鸣自止可耳。林琴南辈与之较论，亦可笑也”。

严复上文所谈到“林琴南辈与之较论”主要指《新青年》与林纾的“骂战”。文学革命初起，林纾就感到十分的不满，遂在1917年2月8日的《国民日报》发表《论古文之不当废》予以批驳，认为“白话鄙俚浅陋，不值识者一哂”，他从西方文化中寻找论据，“知腊丁之不可废，则马班韩柳亦自有其不宜废者”。林纾认为西方变革并未废弃拉丁文，而是从中吸取养分，中国的古文亦当同理。《新青年》作者立刻跳出来批判他的观点，钱玄同在《新青年》上痛斥“选学妖孽、桐城谬种”，随即在自编自导的“王静轩来信”中，钱氏模仿旧派文人的风格，挑起战斗，由刘半农出面，借驳斥“王静轩”，两人演了一出双簧，将林纾的翻译与旧学大大嘲笑了一番。林纾受到年轻人如此羞辱，心有不甘，因此接连写了两篇文言小说，将陈独秀、钱玄同、胡适，连同北大校长蔡元培等影射了一圈。1919年2月他在《新申报》写下《荆生》和《妖梦》两篇滑稽小说。《荆生》写“皖人田其美”(影射陈独秀)、“浙人金心异”(影射钱玄同）和“不知何许人”的“狄莫”(影射胡适）三人相聚陶然亭，大骂孔夫子，讨论白话文，被一个“伟丈夫”荆生胖揍一顿。《妖梦》则是写田恒(影射陈独秀)、秦二世(影射胡适)二人，提倡白话，反对古文，得到“白话大学堂”校长（影射蔡元培）的支持，结果三人被妖魔张口吃掉。《新青年》诸将见此嘲讽一拥而上，集体围剿林纾，连蔡元培也亲自撰文回应林纾。随后林纾的《论古文白话之相消长》一文中，他辩解自己并非“桐城谬种”，而是写白话文的先行者，他并非反对白话文，反对的不过是尽废古文。

这一场混战，是旧式文人士大夫与新式文人知识分子的正面较量，充满了文人之间的意气用事和轻蔑态度。陈独秀公开回答：对于林纾这种“妄人尚复闭眼胡说，则唯有痛骂之一法”，“到了辩论真理的时候，本志同人大半气量狭小，性情直率，就不免声色俱厉；宁肯旁人骂我们是暴徒、是流氓，却不愿意装出那绅士的腔调，出言吞吐，至使是非不明于天下”。

正如论者所言，林纾译作其实是“中国新文学运动所从而发生的不祧之祖”，胡适、陈独秀、鲁迅、周作人等都深受林译小说的影响。林纾也很支持白话文。这样一来，《新青年》

对林纾的攻击其实是“弑父”之战。意气风发的《新青年》诸人天真地以为只有“弑父”，只有彻底打倒旧文化、旧思想，才能建立新文化、新思想，而开辟一个新时代。严复、林纾成为白话文运动之中的逆流，今日白话文并未像严复所预测的“如春鸟秋虫，听其自鸣自止”，反而大获全胜。不过严、林提倡“不尽废古文”，并呼吁不应从文言、白话二元对立的观点来看文字演变问题，而且白话应从文言之中汲取养分等观点，的确是饶有深意。

严复对白话文之批评主要出于他对典雅之文言文的热爱。他受到桐城派大师吴汝纶的影响，以信达雅三者兼备的桐城古文翻译西书。吴汝纶一方面高度赞赏他的文采，另一方面则担忧其文风与时人“舛驰而不相入”：“今学者方以时文、公牍、说部为学，而严子乃欲进之以可久之词，与晚周诸子相上下之书，吾惧其舛驰而不相入也。虽然，严子之意，盖将有待也。待而得其人，则吾民之智瀹矣。”严复将古文与西学相结合，很形象地表达了他对中西文化的基本态度。

民国初年以后严复的文字虽受到许多白话文支持者的批评，至1920年代之时，他对中国传统态度与融通中西之主张，以及在语言文字上支持文言文的观点却与“学衡派”也十分契合。学衡派高举“论究学术，阐明真理，昌明国粹，融化新知”之宗旨，他们肯定传统、会通中西的文化观念并非单纯复古，而是受到白璧德（Irving Babbitt，1865—1933）新人文主义与希腊罗马的古典文明之影响，有很深的西学的根基。这些地方和严复的观点十分类似（严复的文化保守主义亦有很深的西学之基础）。对学衡派诸君而言，严复是“贬抑白话，崇扬文言”的一代宗师，也是他们攻击“五四”新文化运动的一个重要的思想资源。

学衡派的主要人物如柳诒徵（1880—1956）、胡先骕（1894—1968，江西新建人）都公开地赞扬严复的翻译文字。柳诒徵说严译合乎“信雅达”三原则，对引进西学有很大的贡献。胡先骕则一方面批评胡适的白话文，另一方面则肯定桐城古文之价值。他在《学衡》一、二期刊登《评〈尝试集〉》，批判胡适的白话诗，“以白话新诗号召于众，自以为得未有之秘，甚而武断文言为死文字，白话为活文字，而自命为活文学家。实则对于中外诗人之精髓，从未有深刻之研究，徒为肤浅之改革谈而已”，“物之将死，必精神失其常度，言动出于常轨。胡君辈之诗之卤莽灭裂趋于极端，正其必死之征耳”。刊出之后引来吴式芬与鲁迅的评讥。胡先骕又在《学衡》第18期撰写了《评胡适〈五十年来中国之文学〉》。在此文中他再度指斥胡适“死文字”之说不当，反对近五十年来的发展为“桐城文之衰落与语体文之成功”。他认为文言、白话之别不在古今，而是同一文字的雅俗之别。他极力为桐城派古文辩护，“不为浮诞夸张之语，不为溢美溢恶之评，一字一句，铢两恰称，不逾其分”。最好的作法是以古文之良好工具来传播新思想。胡先骕说严复、林纾、章士钊的作品即是如此，“严复林纾之翻译与夫章士钊之政论之所以有价值，正能运用古文之方法，以为他种著述之用耳”。其中严复“文之佳处，在其殚思竭虑，一字不苟，‘一名之立，旬月踟躇’，故其译笔，信雅达三善俱备。吾尝取《群己权界论》《社会通诠》与原文对观，见其义无不达，句无剩义。其用心之苦，惟昔日六朝与唐译经诸大师为能及之。以不刊之文，译不刊之书，不但其一人独自擅场，要为从事翻译事业者永久之模范也”。

1922—1923年出版的《学衡》第6至20期，曾连续刊载《严几道与熊纯如书札节抄》，共八十封，约五万字。甚至还配合书札节钞，在刊物上刊登了“严几道书札真迹”。这些书札是胡先骕根据熊纯如所藏严复于1912—1921年间给他的书信而加以节录的（胡、熊两人为江西同乡），对于严复思想的传播发挥了重要的作用，并解释了关于严复与筹安会、“共和国体不适吾国国情”等方面的误会。胡先骕在《寿熊纯如丈六十》一诗中曾记述此事，“大哲有侯官，瓣香事何度，公弟信英彦，而公独沉潜。严门号多士，惟公得薪传，书简百十通，扬榷通人天”。1927年，学衡杂志社又将《严几道与熊纯如书札节钞》单独印行，列为“学衡社丛书”第一种。

后来有一些读者因为阅读此一书札而更为深入地认识严复之理念。例如“学衡派”之一员郭斌龢（1900—1987），1927年考取庚款，赴哈佛大学投入白璧德的门下，研究希腊文学。他曾说，“余幼读先生所译书，即心向往之。其后于《学衡》杂志中，读先生与熊纯如书札，益叹其卓识远虑为不可及”。他在《国风》(1932—1936年间发行，由中央大学教授群创办，风格与《学衡》杂志相同，反新文化、新文学）上所发表的《严几道》一文特别强调严复一生虽有变化，然“苦心弥缝于新旧之间”的精神“始终一贯”。他又多方征引《学衡》上《书札》，说明“先生对于教育之主张，简言之，即尊重本国文化，研究西洋科学而已”，尤其强调“中国目前危难，全由人心之非，而异日一线命根，仍是数千年来先王教化之泽”(《书札》四十九）。他的结论是严复属于英国之“自由保守派”。在此文之中严复俨然成为“学衡派”的代言人。

严复的历史意义

严复为清末民初第一代接受新式教育而培育出来的新“知识分子”，是近代中国著名的启蒙家、思想家与教育家。他的重要性不在政治场域或他所长期从事的海军教育，而在于他对19世纪末叶以来，中国思想与文化发展的深刻影响。他所引介的西学，以及他对中西文化的思考，成为中国现代思想的重要源头。诚如美国哈佛大学史华慈教授所说，“严复的关怀……是有意义的关怀，他因应这些关怀所做的努力，是有意义的努力”。

他的好友陈宝琛在为他撰写的墓志铭中曾说：“君于学无所不窥，举中外治术学理，弥不究极原委，抉其得失，证明而会通之。”文中的“会通”二字，正是严复一生思想的核心。他本身即结合了中学与西学、传统与现代，以及科学、宗教与伦理等。他一生均以典雅的桐城古文翻译西方新知，讨论古今学问，此举形象地展现其会通中西的思想特征。

这种对中西学的态度，亦即一方面认为中西文化有所不同，另一方面两者却是部分相合而可以会通为一更圆融之思想体系，则是严复毕生追求的目标。严复有关“中学和西学的异同及其互相关系”的看法在清末民初具有独特的意义。在1890年代末期严复集中火力攻击“西学中源论”；到了1900年代，他又把焦点放在攻击张之洞的“中体西用论”，在这方面1902年所撰写的《与〈外交报〉主人书》一文最具代表性；而民国成立之后他再将矛头对准鲁迅、陈独秀、胡适等“五四”健将的“全盘西化论”。严复与清末民初三种最具影响力之文化理论之对垒，足以映现他本身“举中外治术学理，靡不究极原委，抉其失得，证明而会通之”，或所谓“绎新籀古折以中”的理想。

在清末民初中国思想文化转型的过程之中，严复思想扮演了重要的角色。在清末时，严复是引介西学的启蒙先驱，他的作品一方面开启了“五四”新文化运动，孕育了批判传统、追求民主、科学的精神，另一方面，他也展开对此一启蒙论述（以胡适、陈独秀、鲁迅等《新青年》作者为中心论述）的反思，探索科学、民主、爱国、反传统等观念的局限或缺失。严复思想与“五四”启蒙论述的分歧在于严复毕生均肯定儒家传统，尤其是孝道，“五四”启蒙论述则批孔、非孝；再者，严复虽接受了赫胥黎、斯宾塞的“不可知论”，并以佛经词语“不可思议”来翻译此一概念，但他却比赫、斯二人更肯定人类对

“超名言之域”的掌握，也因而认识到科学与宗教不相矛盾、科学有其限制、宗教有其价值。严复思想中启蒙的一面对胡适、鲁迅、陈独秀等人均有所启发，而反思启蒙的一面，则与“学衡派”、1950年代以后的港台新儒家思想有连续性的关系，而构成另一条思想发展之脉络。整体观之，严复所代表中国现代性的方案显示出内在的强烈张力，也蕴含了融通中西、创造新文化的诸多可能。

然而严复的启蒙思想不但有学术意义，也具有政治意涵，因而表现出学术与政治一以贯之的精神。他所引介的理论环绕着自由主义、资本主义、社会演化论与逻辑学，此四者是一套具有整合观点的国家构想，并与20世纪末至21世纪海峡两岸所追求的政治目标十分契合。此一学术政治一以贯之的精神充分表现在他家中悬挂的两副对联上：一是“随时纵论古今事，尽日放怀天地间”；一是“有王者兴必来取法，虽圣人起不易吾言”。前者显示出“纵论古今、放怀天地”的恢弘气魄；后者则凸显了学以致用、经世济民的一贯目标，以及对自身理念的高度自信。

严复结合中西的努力和他的成长经历有密切的关系，他幼年时代研读中国典籍，进入福州船政学堂与赴英留学期间，开始接触西学，致力吸收西方知识，同时，却未抛下对中国传统古典价值的信念。返国后，严复师事吴汝纶，学习桐城古文，又研习八股制艺，继而系统地阅读西书，奠定中西学问的基础。他不但用这种态度培养他的子女，后来在主持几个教育机构时，更将中西合璧的构想付诸实际，来教育学生。他一生秉持的理念是“中国必不灭，旧法可损益，而必不可叛”，“新知无尽，真理无穷，人生一世，宜励业益知”。

然而身处中西文化接轨之关键时刻，也让严复一生充满了冲突与挫折，使他在中国与西方、传统与现代、理想与现实之间冲撞、拉扯。严复深深感受到悲伤与苦痛是人生所难以避免的经历，在遗嘱之中他说：“做人分量，不易圆满。”人生的智慧不在于达到完美的境地，而是在体认人生的不圆满之中，超越现实的痛苦。他幼年丧父；留学期间即表现出狂傲的个性；返国之后不受李鸿章、张之洞等人重用；任职北洋期间与同僚、下属相处不佳；四次参加科举考试均名落孙山；他任职安庆高等学堂、北京大学等的时间很短而少有建树；他与妾室之间的情感不甚融洽；他深知烟瘾害人，自身又无法戒除；更重要的是，他虽能“坐而言”，却无法像日本的伊藤博文那样返国之后“得君行道”而有益于时。他曾自我反省：

> 间尝自数生平得天不为不厚，而终至无补于时者，正缘少壮之时太主难进易退主义，不肯努力进取，虽浮名满世，而资力浅薄，终无以为左右时世之资，袖手穷居，坐观沉陆，是可叹也！

在文化方面，他的调适、稳健的“继往开来”的主张，在“五四”以后“激进化”的反传统时代中被国人讥为保守、落后。在人们礼赞他为“引介西学的第一人”之时，很多人忽略了严复一生其实充满了矛盾、失败与挫折。他的好友林纾感叹地说：“君著述满天下而生平不能一试其长，此可哀也。”林氏并说，严复有如《庄子》书中所说的大鹏鸟，它无法展翅高飞，不是因为翅膀太小、能力不足，而是因为没有时代的支持，缺乏“厚风之积”，使之扶摇而上。不过严复个性上的缺失也不容忽略，他恃才傲物的性格，在某些关键时刻却又无法坚持原则，反因软弱与摇摆而蒙受他人要挟利用，进而成为众人不满与批评的焦点，使其始终无法得意于政界。然而，就是因为官场上的不得意，才促使严复转而投身翻译事业，系统地引进西方学术，替近代中国学术开创一个新的局面，他的学术成就时至今日仍深具意义。

历史与记忆：严氏一门三代的命运

严复逝世于军阀混战的1921年，他在去世后很长的一段时期，都被视为“保守与反动”，是支持袁世凯、张勋的帝制与复辟，肯定“尊孔复古”，反对白话文的一股“逆流”，简单地说是不合时宜的。至1980年之后，随着“改革开放”“发展经济”“告别革命”，严复的命运才逐渐有所改善。改革开放之后中国思想界出现的“新权威主义”“国学热”“文化热”等观点，与百年前严复所提倡的开明专制、强人政治与肯定传统、会通中西的主张若合符节，严复再次受人注意，变成超越时代的先知先觉。曾任福建省严复学术研究会会长的郑重（1924—2003，曾任福州市副市长）在1997年“严复与中国近代化研讨会”（笔者躬逢其盛）上的开幕词，多多少少反映了这样的一个新视角：

> 严复经济理论的核心是经济自由主义……严复的经济学思想，不仅为落后国家发展经济提供了理论指导，在许多具

> 体的经济政策策略上，诸如发展对外贸易，引进外资，中外合资，农工商并重，发展近代化规模农业生产，联营，控股等等一系列近代化经济发展的重大问题上，都有精辟的见解。严复揭示了近代经济建设的共同规律……当我们为发展现代化社会主义经济重新认真研究经济学时，一向被认为“不合时宜”的严复，他的许多理论是那样适合百年后的今天的时宜，这不能不引起人们的惊叹和高度的重视。

在此之前严氏宗亲严以振在1994年会议上的发言，也可以看出在经济层面之外，严复精神与未来中国理想图像之间的关联：

> 今天我们纪念先祖严复就是要继承和发扬先祖的伟大爱国主义精神；就是要学习他革创开辟、发展科学、技术教育的伟大精神；就是要发扬他的宏图大略，建设国家造福人民的精神……纪念他，就是为了更好地激励我们前进，早日实现祖国的和平统一，早日实现祖国的富强、民主和文明。

1990年代开始，严复受到人们的关注也与福建地区经济上的繁荣有关，伴随着经济发展而萌生的区域文化的想象，则使地方上一些以往被人遗忘或被人贬抑的历史人物，重现于现实舞台，走进人们记忆的世界。严复就在这种情况之下展现出新的面貌。1990年代在台江建了一座“天演公园”，在鼓山山脚下立了严复塑像，为学生们举办“天演之路夏令营”，播放了一个叙述严复一生的广播剧，出版了一本为年轻人写的少年严复传，也修整与严复相关的古迹、文物，并开辟一间阳岐故居的“严复陈列室”等。福州地区在“福建省严复研究会”主持下举办了多次严复思想研讨会，其中一场是2000年习近平任福建省省长之时，与清华大学合办的，次年论文集出版，名为《科学与爱国——严复思想新探》，由习近平主编、作序，突显了严复思想的两大核心。2001年上海大唐李玉棠先生捐赠了一百万人民币，修复郎官巷的严复故居。2003年1月8日，严复故居于严复诞辰150周年时正式开放，成为一个重要的文化景点与爱国主义教育基地。2012年开始郑志宇先生在三坊七巷里开创“严复翰墨艺术馆”，展示两百多件严复的书法作品，并办各种活动推广严复思想、销售各种与“严校长”相关的文创作品。2017年5月在郑志宇先生的努力下，在北大图书馆举办了“严复与北大”的展览。这一次展览以“必有海权，乃安国势——海军先驱”、“兼收并蓄，广纳众流，以成其大——首掌北大”、“说实话，求真理——笔醒山河”为三大主题，辅以“严氏一门，传奇家史”的严复家族介绍，以真迹、图片、实物方式展示了严复的学术与教育生涯全貌。

在影视方面，2017年拍摄了《笔醒山河》的电视剧，分为“原强”、“经世”、“变法”、“天演”和“脉动”5集，单集25

分钟，由福建广播影视集团海峡卫视出品，2018年完成制作，在央视和海峡卫视播出。《笔醒山河——严复》是一部以“科学与爱国”为主题的大型纪录片。片中展现这位中国近代杰出的思想家、教育家、翻译家、卓越的西方文明观察家，如何高举“科学与爱国”大旗，以“开民智”“鼓民力”“新民德”为己任，以高度的爱国热忱，针砭时弊，抨击封建专制，呼吁变法维新等为主要内容。影片以严复这位中国近代里程碑式人物的一生为轴线展开，贯穿了整个中国近代历史。官方则期许该片能“展现出文化自信和实现中国梦的自信”。严复身后的声望又达到一个新的高峰。

严复儿子严叔夏（1897—1962）的命运也甚为坎坷。严叔夏名琥，别名普贤，字以行，他的一生也深受时代的冲击，而饱经苦难。他受父师熏陶，才气纵横，曾先后入北京清华学校和唐山工业专门学校，熟稔经史、诗词、金石，尤长于佛学。在严复过世前两年，严琥在父亲的好友陈宝琛的协助下订了一门亲事，与台湾板桥富户林本源家族林尔康的女儿林慕兰成亲。（按：林慕兰的母亲为陈宝琛的胞妹）据说其起因是严叔夏写了一首咏梅诗，陈宝琛见诗大加赞赏，向先生提出婚议，以其甥女许配给严叔夏。两家因而联姻。在1920、1930年代严叔夏曾在私立福州中学和私立福建学院教书，还经常应邀到鼓山涌泉寺等地登坛讲经，为福州知名的佛学居士。1937年抗日战争爆发，他在教会所办的协和大学中文系任教，第二年随校迁到邵武，以后还到过闽清、南平等地。林慕兰则与部分子女寄居上海。他的学生说："他讲授两门功课：一门是文字学，读生硬乏味的《说文解字》；一门是《历代诗选》，老师本为诗人，讲起来总令人心思飞越。"在课堂之外，叔夏则平易近人：

> 先生的居室座上客常满，他平易近人，从不道貌岸然；他谈笑风生，从古诗、书法到民情风俗，从康德、黑格尔到佛学老庄，从英国学坛风习到京师文人轶事，妙语连珠，听者如坐春风，流连忘返。

抗日战争胜利后，他的妻林慕兰曾劝他与家人一起迁居台湾，但他决定独自留在福州，并继续在协和大学中文系任教。1946年底，林慕兰的长兄林熊征（1888—1946，板桥林家的代表人物）过世，她带着子女返台奔丧，因局势混乱，暂留台湾，夫妻两人自此分隔，终生未再见面。就在这一段期间，严叔夏开始阅读埃德加·斯诺（Edgar Snow）的《西行漫记》与艾思奇的《大众哲学》等书，"他与密友谈论晚上收听解放区广播的消息，也热心为学生导演话剧，并与进步同学结成友谊"，此时他"已与居士心境、名士风度告别了"。1947年，在林植夫、周问苍介绍之下参加"中国民主同盟"，此后则更积极地参与左倾的"进步活动"。次年，他代表协和大学师生专程拜访福建省主席李良荣（1906—1967），提出省府不要抓人、杀人和对学生运动要取宽容态度等意见。

1949年中国共产党革命成功之后，严叔夏先后担任协和大学（后改为福州大学）校务委员会副主任等职，并被选为民盟福建省省委常委、民盟福州市委主委；又被聘为福建省人民代表大会代表、福州市人民代表大会代表，省、市政协委员等。1952年他以民主党派负责人的身份调任福州市副市长，掌管文教、卫生工作。郑重先生和严叔夏同时担任副市长，在郑重的印象中：

> 他工作十分认真负责，作风严谨。每天上班，他是最准时的一个，从不迟到、不早退……他一丝不苟地执行着福州人民托付给他的任务，学习政策，研究文件，处理政务……他不愧是继承了严复先生爱国精神的"神州健者"。

1957年，严叔夏在"反右运动"中被划为右派，受尽折磨。他的学生说："有一次专门批判他的会上，我远远地坐在后排，看到老师表情严峻，这是我见到他的最后一面。虽然同在一个城市，但师生间隔着一堵无形的铁壁，遗憾的我竟不敢越雷池一步。"1961年在郑重的协助下，市委确认"错划严叔夏副市长为右派的事"，"摘除了右派的帽子"，后来他在福建教育学院任职，1962年9月病逝于福州，葬于文林山革命公墓。福建师大教授黄寿祺先生为他写的挽联是"学博才高，无愧名父之子；神存骨化，常与烈士为邻”。

他的学生、已故福建师大中文系教授俞元桂在一篇《忆叔夏师》中写道：“业师严叔夏教授，是严复先生第三子，师母是台湾望族林家的女儿。”他说严叔夏“精于佛学，广涉文学哲学，才气纵横。只是生不逢时，他未能充分发挥才能；其书艺手迹多付劫灰；其诗词，著述散落，尚未结集；其从政抱负，也仅昙花一现”，“我想，他可能带着惶惑、凄苦的心情离开尘宇的，身边没有亲友，也许他的佛学能够帮助他”。

1994年11月22日在福州召开了“福建省纪念严叔夏先生大会”，当年与他同时担任福州市副市长的郑重在会中叙述了先生的生平，表示“叔夏，我们不会忘记的”，又说了一段感人的讲话。他说：严复父子两代曲折的人生历程，其意义绝不止于严氏一门一姓；严氏一门的家传数据，可以说得上是一部中国近代史的缩影。

郑重的话的确意味深长。如果我们把严叔夏的儿子严以侨（严侨，1920—1974）的命运一并考察，那么历史“缩影”的内涵就更完整了。严叔夏婚后不久，妻子即怀孕。严叔夏立刻写信向父亲报告，“新妇……已动喜脉”。严复对长孙的即将来临，感到乐不可支。1920年元旦，为庆祝严侨的诞生，严复写了四首诗，其中一首的开头是：“名尔为侨肸，心仪到古贤”，“侨肸”指春秋郑大夫公孙侨（子产）和晋大夫羊舌肸，后用以借称哲人贤士，可见严复对长孙的期望。严侨有两个妹妹，一位妹妹是严倬云，后来嫁给了商界名人辜振甫（1917—2005），另一位妹妹叫作严停云，嫁给了政界、新闻界名人叶明勋（1913—2009）。严停云的女儿叶文心任教于加州大学伯克利分校，是著名的中国近代史学者。

严侨天资聪颖、勤奋好学，考入协和大学的生物系。当时在中文系的俞元桂说“他的长子严侨也来协大生物系读书，此人性格直爽，口若悬河，是个奇人，很快地成为我们的好友”。在1949年之前的经历，外人不甚清楚。我们对严侨的了解主要是来自他的学生李敖（1935—2018）。1961年10月10日李敖写了一封信给胡适，叙述自己成长的历程（该信现藏台北“中研院”近代史研究所胡适纪念馆）。其中特别指出他进入高中之后，受到当时在中学教书的数学老师、严复的孙子严侨的影响，生命才发生“突变”。严侨于1950年8月乘小木船私渡到台湾，住台中市北区育才街5号，在台中一中任教。李敖说严侨：“初到学校来的时候立刻使我们倾倒，他的热情与犀利，文科理科的知识，英日文的熟练，都不是那些混饭吃的教员比得上的。”严侨平日喜欢喝酒，因为没钱，只能喝公卖局出品的最劣质的米酒。李敖很快地和他建立友谊而发现，“我知道了他为什么整天买醉——原来他是共产党”。在李敖的笔下，严侨“身材瘦高、头生密发、两眼又大又有神”，是一位博学多才、思维敏捷，既热情又犀利的数学老师。他对国民党统治非常不满，而自己又在自由主义与共产理想之间拉扯。据说严侨曾向李敖

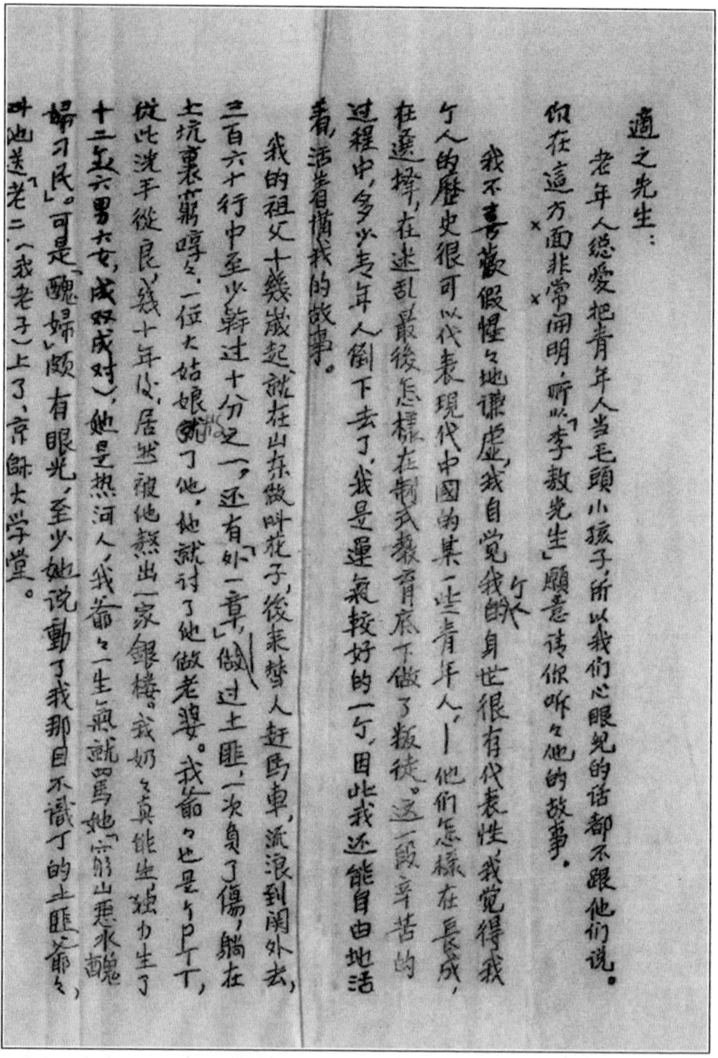

適之先生：

老年人総愛把青年人当毛頭小孩子，所以我们心眼兒的话都不跟他们说。但在這方面非常開明，所以「李敖先生」願意请你听听他的故事。

我不喜歡假惺惺地谦虚，我自觉我的身世很有代表性，我觉得我个人的歷史很可以代表現代中國的某一些青年人，——他们怎樣在長成，在選擇，在迷乱，最後怎樣在制式教育底下做了叛徒。这一段辛苦的过程中，多少青年人倒下去了，我是運氣較好的一个，因此我还能自由地活着，活着講我的故事。

我的祖父十幾歲起，就在山东做叫花子，後来替人赶馬車，流浪到関外去，三百六十行中至少幹过十分之一，还有「外一章」，做过土匪，一次負了傷，躺在土坑裏哼哼，一位大姑娘救了他，他就讨了她做老婆。我爺爺也是个『丁，從此洗手從良，幾十年後，居然被他熬出一家銀樓。我奶奶真能生，独力生了十二个，六男六女，成双成对），她是热河人，我爺爺一生氣就罵她「窮山惡水醜婦刁民」。可是「醜婦」頗有眼光，至少她说動了我那目不識丁的土匪爺爺，叫她送老二（我老子）上了、京師大学堂。

李敖致胡适函（部分），1961年10月10日自白：

> 我不相信国民党会把中国救活，他们不论怎样改造，也是无可救药，他们的根儿烂了。十多年来，我把自己投入一个新运动，我和一些青年人冒险、吃苦，为了给国家带来一个新远景，所以我做了共产党，我志愿偷渡过来，为我的信仰做那最难做的一部分。

但是来台湾之后，他有所改变：

> 我的精神好像飞向那自由主义的神像，可是我的身体却永远被一个党锁住，被另外一个党监视，这是我最大的痛苦。虽然这样，我还是想回大陆去，那里虽然不满意，可是总有一点“新”的气味，有朝气，对国民党我是始终看不起的……。

他甚至想带李敖一同前往大陆。他说：

> 我想带你回去，带你去共同参加新尝试的大运动，这个大运动是成功是失败不敢确定，但它至少牺牲了我们这一代而为了另一个远景（多像丁文江！），至少比在死巷里打滚的国民党痛快多了。

不久之后，他就被逮捕入狱，李敖说“半夜里五个大汉惊破了他的梦和我的梦，他被捕了”。李敖一度以为他死于狱中，后来他从胡适经台大教授姚从吾处得知严侨于1961年底出狱。他前前后后在绿岛（当时被称为火烧岛）被关了九年（1953—1961），据说是因为“托严复之孙等原因之福”，判得较轻。出狱后，严侨又回到中学教书，不久皈依了宗教，相信佛教的密宗，家中有不少的佛像、法器。1974年7月因心肺衰竭，病死于台北市崇仁医院，享年54岁。2005年他的妹夫叶明勋随着李敖拜访大陆，严侨由中国共产党追认为“烈士”，证实他的地下党员身份（他的儿子严正作为烈士家属获得抚恤金2万美元）。李敖说他“生不逢时，死不逢地”。严正以抚恤金2万美元，自己再支付4万美元，申请成立严侨基金，资助贫困学生，以此纪念先父——“在并不太平的民国时期诞生、在烽火战乱中成熟、在牢狱煎熬后死去、在异乡的苍凉中被遗忘”。

严复是近代中国第一位系统译介自由主义、资本主义的思想家，他在上述为庆祝长孙诞生所写那首诗的后半段表示，“震旦方沈陆，何年得解悬？太平如有象，莫忘告重泉”。严复过世前他所渴望的“太平有象”的理想一直未能被实现。他的三子严叔夏与长孙严侨都没有跟着他走的启蒙道路，也没有机会看到“震旦”的“太平”之象。在近代中国历史的浪潮中，他们都变得左倾。无奈的是严叔夏留在大陆，被错判为“右派”，在批斗大会中，他的学生也因为“一语不发”，而受牵连；

严侨在台湾更与国民党格格不入，因为共产党员的罪名而锒铛入狱，尝尽人间冷暖，思想上他在社会主义与自由主义之间彷徨，找不到出路，郁郁以终。李敖总结三人的经历："我总觉得严氏一门，正是中国现代史上最好的家传资料。第一代严复，身逢帝制不绝，志在引进新潮，赍志以没了；第二代严琥，身逢新旧交替，志在富国强兵，家破人亡了；第三代严侨，身逢国共斗争，志在建国大业，自己报废了。"这一幕幕的历史情节确实让人感到造化弄人，也印证了殷海光所谓严复毕生所译介的政治、经济理念在近代中国"左右夹攻"下所面临的历史困境。不过近年来对严复思想的重新评估与赞许，或许预示了他的构想对中国未来仍有重要的启示意义。

严复简谱

1854年（清咸丰四年 甲寅）生

1月8日，先生出生于福州南台苍霞洲（现今台江）。福建侯官阳岐（今福州市）人。谱名传初。

1859年（清咸丰九年 己未）五岁

开始读书。

1861年（清咸丰十一年 辛酉）七岁

童年时先后从师数人，于是年回阳岐，随五叔父严厚甫读书习字。

1862年（清同治元年 壬戌）八岁

仍从严厚甫读书。

1863年（清同治二年 癸亥）九岁

从阳岐乡下来省垣苍霞洲，进入家塾，师从父亲所聘之黄宗彝（少岩）。黄为闽地宿儒，其为学汉宋并重。在黄少岩带领下，先生开始读经书。

1865（清同治四年 乙丑）十一岁

从黄孟修读书。

1866（清同治五年 丙寅）十二岁

春天，先生与同邑王氏结婚。

8月间，父亲则因抢救霍乱病人，受感染不治死亡。不久，全家便搬回阳岐居住，家境贫穷。

同年冬，沈葆桢创设“马尾船政学堂”(初名为求是堂艺局)，始招考子弟入学堂习海军。当年入学作文试题为“大孝终身慕父母论”，先生刚蒙丧父之痛，其文文情并茂，为沈葆桢赏识，遂以第一名录取。

1867（清同治六年 丁卯）十三岁

先生进入船政学堂的后学堂，计四年而卒业。

1871（清同治十年 辛未）十七岁

5月，先生以优等的成绩，毕业于船政学堂。旋与同学刘步蟾、林泰曾、何心川、叶祖珪等人登“建威号”练习船实习。

1874（清同治十三年 甲戌）二十岁

12月16日，长子严璩生。

1877（清光绪三年 丁丑）二十三岁

李鸿章、沈葆桢奏请选派船政学堂学生，分赴英法留学。

3月31日，先生随监督李凤苞，学生刘步蟾、林泰升、萨镇冰等人赴英留学。5月11日抵达朴次茅斯港。5月13日往见郭嵩焘。先生与郭嵩焘“结为忘年交”。并于九月通过入学考试，进入格林威治皇家海军学院。

1878（清光绪四年 戊寅）二十四岁

7月1日，赴法国巴黎游历，至8月上旬返英。

1879（清光绪五年 己卯）二十五岁

1月，郭嵩焘返国。

2月2日，先生往见曾纪泽。

7月，以优异成绩完成格林威治皇家海军学院的学业，随即回国。

8月，离英返国，结束留学生涯。回国后，船政大臣吴赞诚聘先生为船政学堂教习。改命复，字几道。

1880（清光绪六年 庚辰）二十六岁

李鸿章奏设北洋水师学堂，并调前船政大臣吴赞诚主持筹办事宜。

8月，李鸿章电召先生任北洋水师学堂“洋文正教习”，26日抵达天津，谒李鸿章。

与吕增祥定交。

1880—1881年间阅读斯宾塞著作，认为“真西学正法眼藏”，而“智育之业，舍此莫由”。

1882（清光绪八年，壬午）二十八岁

任职天津水师学堂，至1900年。

1883（清光绪九年，癸未）二十九岁

将母亲、妻子与长子接到天津共同生活。

1885（清光绪十一年 乙酉）三十一岁

9月，先生首次赴闽应乡试，不第而归。此其后，于1888年、1889年、1893年应乡试，仍不第。

1889（清光绪十五年 己丑）三十五岁

报捐同知，任水师学堂会办。

1890（清光绪十六年 庚寅）三十六岁

先生已染吸食鸦片之习惯，李鸿章亦知，希其革去。

1892（清光绪十八年 壬辰）三十八岁

10月，王夫人病逝于天津。

纳江莺娘为妾。

1893（清光绪十九年 癸巳）三十九岁

任水师学堂总办。

是年，次子严瓛生。

1894（清光绪二十年 甲午）四十岁

7月，中日战争爆发。

1895（清光绪二十一年 乙未）四十一岁

2月至5月，因受甲午战败刺激，先生发表《论世变之亟》《原强》《辟韩》《救亡决论》等文于天津《直报》上，提出“鼓民力、开民智、新民德”的救国方策。

1896（清光绪二十二年 丙申）四十二岁

夏季，先生始译《天演论》，至10月15日，完成初稿及序言。

7月，先生在天津创办俄文馆，并自任总办，亲自拟定课程，聘请教员，此俄文馆暂时以“北洋水师学堂空房”为学生肄业之所。

8月，梁启超主持之《时务报》在上海创刊。

10月，始译《原富》。

1897（清光绪二十三年 丁酉）四十三岁

2月至3月，请吴汝纶为《天演论》作序。

4月12日，所撰《辟韩》一文转载于《时务报》第23册，时任湖广总督张之洞见之大怒，命屠仁守撰文反驳。

7月6日，三子严琥生。

10月26日，与王修植、夏曾佑创办《国闻报》于天津。模仿英国《泰晤士报》，在日报之后，以旬报继之。

12月8日，《国闻报》之旬刊——《国闻汇编》，刊载先生所译《斯宾塞尔劝学篇》于第一、三、四册，《天演论悬疏》则刊于第二、四、五、六册。

1898（清光绪二十四年 戊戌）四十四岁

1月27日至2月4日，作《拟上皇帝书》，提出“联各国之欢”

“结百姓之心”“破把持之局”三项建议。

6月，戊戌变法。

6月8日，《天演论》慎始基斋样本校阅完毕，再经增订译例言后，旋于是月正式雕版刊行。

9月14日，蒙光绪皇帝召见于乾清宫。

1899（光绪二十五年 己亥）四十五岁

2月间，《国闻报》于戊戌政变后屡遭严劾，先生将之卖给日本人。

是年，译成弥尔（John Stuart Mill）的《自由释义》，后更名为《群己权界论》。而另译之《支那教案论》则由南洋公学译书院出版发行。

9月15日，日本人内藤虎次郎于天津访问先生。

长女严璸生。

1900（光绪二十六年 庚子）四十六岁

3月，先生南下上海，与朱明丽结婚。义和团之乱起，6月学校被毁。7月先生携全家赴沪避难。次子瓛于途中染疾过世。

7月26日，在上海参加唐才常于上海召开的“中国国会”，先生被举为副会长。

7、8月间，在上海创建中国第一个“名学会”，担任会长，系统地讲述名学（逻辑学）。

9月先生在上海重拾译笔，继续翻译《原富》。

10月至11月间，受金粟斋译书局蒯光典请托，翻译《穆勒名学》。

1901（清光绪二十七年 辛丑）四十七岁

1、2月间，完成《原富》的译稿。

5月上旬，应开平矿务局督办张翼之邀，北上就任开平矿务局华部总办。

次女严璆生。

1902（清光绪二十八年 壬寅）四十八岁

3月4日，应管学大臣张百熙之聘，出任京师大学堂编译局总办。

5月，发表《与〈外交报〉主人论教育书》，表示不赞成“文明排外”说，并驳斥“中体西用论”，提出系统式的教育方案，以及“统新故而视其通，苞中外而计其全”的文化观。

6月6日，京师大学堂编译局“开局”。

岁暮，翻译斯宾塞著之《群学肄言》完稿。

1903（光绪二十九年 癸卯）四十九岁

1月，《穆勒名学》部甲由南京金粟斋木刻出版。

3月，先生辞去京师大学堂编译局总办职，出都赴上海。

5月，《群学肄言》四册，由上海文明编译书局出版。

7月，应弟子熊元锷之请，先生开始编写英文文法书《英文汉诂》。

10月，喜获遗失之译稿《群己权界论》，交上海商务印书馆出版。

11月，翻译甄克斯（Edward Jenks）之《社会通诠》完稿。

1904（清光绪三十年 甲辰）五十岁

2、3月间，辞去京师大学堂译书局总办一职，拟赴上海。所译《社会通诠》，由上海商务印书馆出版。

6、7月间，编写之《英文汉诂》，由上海商务印书馆出版。

是年，孟德斯鸠之《法意》前三册，由上海商务印书馆出版。

四子严璇生。

1905（清光绪三十一年 乙巳）五十一岁

1月6日，随张翼抵达伦敦，助其兴讼开平矿务一案。先生于伦敦与孙文会面，两人立场不同，会谈不得结果。

5月，返抵上海。夏时，应上海青年会之邀，讲演西方政治学，宣扬君主立宪。其讲演内容，后辑成《政治讲义》一书。

8月，《法意》第四册由上海商务印书馆出版。

夏至秋时，担任复旦公学校董，制定《复旦公学章程》。

10月，被安徽巡抚聘为安徽高等学堂监督。

冬时，所译《穆勒名学》上半部（八册），由南京金粟斋木刻出版。

12月，《侯官严氏评点老子》于日本东京印刷发行。

三女严珑生。

1906（清光绪三十二年 丙午）五十二岁

4月5日，由上海赴安庆担任安徽高等学堂监督。

6月，《寰球中国学生报》在上海创刊，先生与李登辉、唐介臣、曾子安共同担任主编，曾先后发表《述黑格尔唯心论》等文。

9、10月间，《法意》第五册由上海商务印书馆出版。

12月17日，在安徽高等学堂演说《宪法大义》。

1907（清光绪三十三年 丁未）五十三岁

3月，《民报》登载章太炎所撰《社会通诠商兑》一文，反驳先生《社会通诠》一书之言。

6月，辞职离开安庆。

1908（清光绪三十四年 戊申）五十四岁

4、5月间，辞去复旦公学校长职。

8月，由上海到天津，被聘为新政顾问官。

10月，《订正群学肄言》由上海商务印书馆出版。

四女严项生。

1909（清宣统元年 己酉）五十五岁

2月，所译耶芳斯（William Jevons）之《名学浅说》，由上海商务印书馆出版。

5月25日，被派为宪政编查馆二等咨议官，又被学部聘为审定名词馆总纂。

1910（清宣统二年 庚戌）五十六岁

1月17日，朝旨赐先生文科进士出身。

5月9日，资政院成立，先生以“硕学通儒”充任议员。

五子严玷生。

1911（清宣统三年 辛亥）五十七岁

学部审定名词馆供职。

6月20日，被派为中央教育会成员。

8月12日，先生与张元济、杨度等联名发表《中国教育会章程草案》。

10月，武昌起义。

12月8日，被袁世凯派为南下议和代表。先生“续辫言志，反对共和”。

1912（民国元年 壬子）五十八岁

2月，清宣统帝下诏逊位，袁世凯被选为临时大总统。先生被派为京师大学堂总监督，接管大学堂事务。

10月7日，辞北京大学校长职务。

11月11日，受聘为海军部编译处总纂，处理翻译外国海军图籍。

12月，发表《论国民责望政府不宜过深》《砭时》，声援袁世凯政府，对中国当时实行之共和制深表忧虑。

1913（民国二年 癸丑）五十九岁

3月，去年夏期演讲会稿《进化天演》一文发表于《今闻类钞》。

6月，与梁启超、林纾等二百余人，发起组织“孔教会”。又在中央教育会发表演说，积极提倡读经。

10月，国会选举袁世凯为正式大总统，上任后便下令解散国民党。

1914（民国三年 甲寅）六十岁

1月10日，翻译卫西琴（Alfred Westharp）的《中国教育议》，呈中国教育会。

2月，于《庸言》发表《民约平议》质疑卢梭的《民约论》。

5月26日，被袁世凯任命为参政院参政。

1915（民国四年 乙卯）六十一岁

4月，与伍光建、马相伯编译《欧战缘起》，作为《居仁日览》的一部分，进呈袁世凯。

7月3日，被参政院推举为中华民国宪法起草委员。

8月14日，“筹安会”宣言发表，先生未能当机立断，其名与杨度、孙毓筠、刘师培、李燮和、胡瑛等名列宣言中。

12月，袁世凯宣布承受帝位，先生“未入场”参与朝贺。

1916（民国五年 丙辰）六十二岁

3月22日，袁世凯被迫宣布取消帝制，但仍为大总统。

3月至6月，先生与学生熊纯如的书信，以及几首诗文中，透露出他对辛亥革命、共和政府、袁世凯帝制等事的看法，表露出先生支持稳健、改革的想法。

6月，黎元洪继任大总统，发表惩办帝制祸首令，如杨度、孙毓筠等人列名其中，但先生不在名单内。此段时期，先生赴津寓居，避免灾祸。

8月24日，由天津回京居。

9月，批阅《庄子》。

12月，用英文撰写的“*A Historical Account of Ancient Political Societies in China*”(《中国古代政治结社小史》)，发表于英文杂志《中国社会与政治科学学报》(*The Chinese Social and Political Science Review*)第1卷第4期。

1917(民国六年 丁巳)六十三岁

闲居北京。

5月，作《欧战感赋》一诗，感叹战争伤亡之重。

7月，张勋拥立废帝溥仪复辟，以失败告终。先生与熊纯如书信论“复辟”一事，以为“一线生机，仅存复辟”。并表示张勋溺于酒色，又恒纵兵扰民，其缺失世所共知。惟其复辟一举，“则确是血性男儿所为，大仁大勇之事，不容埋没者也”。

12月，张元济函请先生续译《穆勒名学》。先生气喘发作，入北京东郊民巷法国医院诊治。

1918(民国七年 戊午)六十四岁

1月，复书上海灵学会长俞复，讨论灵学。

2月23日，致侯毅书，讨论灵学。

7月间，与熊纯如讨论欧战问题。

7月间，三子琥由陈宝琛做媒，与其甥女台湾板桥林本源家族的林慕兰订婚。

8月14日，长女璸与熊正瑾（熊纯如侄）订婚。

11月4日，陪严琥回闽完婚。

12月9日，回到故乡阳岐。

12月17日，到尚书庙行香。

12月24日，三子琥娶妻安床之日。

1919（民国八年 己未）六十五岁

6月6日，入上海红十字医院治病，至8月9日方得出院。其间，曾复熊纯如书，讨论“五四”运动；以及对白话文运动提出反对意见。另先生四子严璇在唐山工业学校参与“五四”运动，捐款五元支持被捕学生，先生闻讯去信斥责其之所为。

11月6日，徐世昌总统任命先生为总统府顾问。

12月15日，入协和医院治疗。月底出院，迁入东城大阮府胡同新寓，先生号为“愈壄草堂”。

1920（民国九年 庚申）六十六岁

1月7日，阳岐尚书庙上梁。

2月20日，长孙严以侨诞生于福州，题诗《元旦觐祖生》四首。

10月19日，离京返闽，于30日定居于福州城内郎官巷住宅。

1921（民国十年 辛酉）六十七岁

夏尚书祖庙修建完工。

10月3日，先生手书遗嘱，中云："（一）中国必不亡。旧法可损益，必不可叛；（二）新知无尽，真理无穷，人生一世，宜励业益知；（三）两害相权：己轻，群重。"

10月27日，于福州郎官巷寓所逝世。

12月20日，与原配王氏合葬于阳岐鳌头山。

1962

9月，子严琥病逝于福州。

1974

7月，孙严以侨病逝于台湾。

主要参考书目

一、严复基本史料

1. 严复著，王栻编:《严复集》，北京：中华书局，1986年。

2. 严复著，王庆成、叶文心、林载爵编:《严复合集》，台北：辜公亮文教基金会，1998年。

3. 黄克武编:《中国近代思想家文库：严复卷》，北京：中国人民大学出版社，2014年。

4. 严复著，汪征鲁、方宝川、马勇主编:《严复全集》，福州：福建教育出版社，2014年。

5. 严复著，罗耀九、林平汉、叶文心主编:《严复全集》，天津：天津教育出版社，2018年。

6. 华东师范大学图书馆编:《华东师范大学图书馆馆藏严复批校本　影印本》，上海：上海书店出版社，2018年。

7. 孙应祥:《严复年谱》，福州：福建人民出版社，2014年。

二、本书作者相关著作

1. 黄克武:《自由的所以然：严复对约翰·弥尔自由思想的认识与批判》，台北：允晨文化公司，1998年；简体版，上海：上海书店出版社，2000年；简体修订版，杭州：浙江古籍出版社，2021年。

2. 黄克武:《一个被放弃的选择：梁启超调适思想之研究》，北京：新星出版社，2006年。

3.Max K. W. Huang，*The Meaning of Freedom: Yan Fu and the Origins of Chinese Liberalism*. Hong Kong: The Chinese University Press, 2008.

4. 黄克武:《惟适之安：严复与近代中国的文化转型》，台北：联经出版公司，2010年；简体字版，北京：社会科学文献出版社，2012年。

5. 黄克武:《近代中国的思潮与人物》，北京：九州出版社，2013年。

6. 黄克武:《反思现代：近代中国历史书写之重构》，成都：四川人民出版社，2021年。

7. 黄克武:《胡适的顿挫：自由与威权冲撞下的政治抉择》，台北：商务印书馆，2021年。

8. 黄克武:《严复晚年思想的一个侧面：道家思想与自由主义之会通》,《思与言》，1996年，第34卷第3期，第19—44页。亦收入刘桂生、林启彦、王宪明编《严复思想新论》，北京：清华大学出版社，1999年，第261—283页。

9. 黄克武：《严复的翻译：近百年来中西学者的评论》，收入福建省严复学术研究会编《严复与中国近代化学术研讨会论文集》，福州：海峡文艺出版社，1998年，第605—616页。

10. 黄克武：《思议与不可思议：严复的知识观》，收入习近平主编《科学与爱国——严复思想新探》。北京：清华大学出版社，2001年，第247—257页。

11. 黄克武：《严复的异性情缘与思想境界》，《福建论坛》2001年第1期，第84—91页。

12. 黄克武：《严复的终极追寻：自由主义与文化交融》，收入刘青峰、岑国良编《自由主义与中国近代传统》，香港：香港中文大学出版社，2002年，第201—218页。缩节版刊《二十一世纪》2001年第67期，第71—76页。

13. 黄克武：《严复与梁启超》，张广敏主编《严复与中国近代文化》，福州：海风出版社，2003年，第237—271页。

14. 黄克武：《"个人主义"的翻译问题：从严复谈起》，《二十一世纪》2004年第84期，第40—51页。

15. 黄克武：《魂归何处？——梁启超与儒教中国及其现代命运的再思考》，收入郑大华、邹小站主编《思想家与近代中国思想》，北京：社会科学文献出版社，2005年，第91—114页。

16. 黄克武：《严复与〈居仁日览〉》，载黄瑞霖主编《严复思想与中国现代化》，福州：海峡文艺出版社，2008年，第166—176页。

17. 黄克武：《张謇与严复：清末改革派士人之异同》，收入崔之青主编《张謇与海门：早期现代化思想与实践》，南京：南京大学出版社，2010年，第624—628页。

18. 黄克武：《翻译、启蒙与中国现代性》，《知识飨宴6》，台北："中研院"，2010年，第155—182页。

19. 黄克武：《严复与近代中国的文化转型》，载《华东师范大学学报（哲学社会科学版）》2011年第1期，第83—89页。

20. 黄克武：《开民国西方之智、会通中西之慧——严复》，收入张作锦、高希均编《百年仰望：20位名人心目中的民国人物》，台北：天下文化，2011年，第5—19页。

21. 黄克武、韩承桦：《晚清社会学的翻译及其影响：以严复与章炳麟的译作为例》，收入沙培德、张哲嘉编《近代中国新知识的建构》，台北："中研院"近代史研究所，2013年，第111—177页。

22. 黄克武：《何谓天演？严复"天演之学"的内涵与意义》，载《"中研院"近代史研究所集刊》2014年第85期，第129—187页。

23. 黄克武：《民初知识分子对科学、宗教与迷信的再思考》，载张寿安编《晚清民初的知识转型与知识传播》，北京：北京师范大学出版社，2018年，第40—96页。

24. 黄克武：《近代中国文化转型的内在张力：严复与五四新文

化运动》，载欧阳哲生主编《百年回看五四运动：北京大学纪念五四运动100周年人文学术论坛论文集》，北京：社会科学文献出版社，2020年，第586—616页。

25. 黄克武：《天演与佛法：〈天演论〉对清末民初佛学思想的冲击》，载《翻译史研究（2018）》，上海：复旦大学出版社，2020年，第199—222页。

三、其他二手研究

1.Schwartz, Benjamin I., *In Search of Wealth and Power: Yen Fu and the West*. Cambridge: The Belknap Press of Harvard University Press, 1964.（史华慈：《寻求富强：严复与西方》，南京：江苏人民出版社，1995年）

2. 习近平主编：《科学与爱国——严复思想新探》，北京：清华大学出版社，2001年。

3. 牛仰山、孙鸿霓：《严复研究资料》，福州：海峡文艺出版社，1990年。

4. 王中江：《严复》，台北：东大图书股份有限公司，1997年。

5. 王宪明：《语言、翻译与政治：严复译〈社会通诠〉研究》，北京：北京大学出版社，2005年。

6. 皮后锋：《严复大传》，福州：福建人民出版社，2013年。

7. 庄驰原：《重写孟德斯鸠：严复翻译〈法意〉研究》，香港：

香港中文大学翻译系博士论文，2018年。

8. 刘瑾玉:《翻译、概念与经济：严复译〈国富论〉研究》，北京：社会科学文献出版社，2021年。

9. 严孝潜:《严复的一生》，福州：中国文史出版社，2014年。

10. 严培庸编著:《严复与阳岐》，福州：作者自印，2006年。

11. 汪荣祖:《严复的翻译》,《中国文化》1994年第9期，第117—123页。

12. 汪荣祖:《走向世界的挫折：郭嵩焘与道咸同光时代》，台北：东大图书股份有限公司，1993年。

13. 沈国威:《一名之立 旬月踟蹰：严复译词研究》，北京：社会科学文献出版社，2019年。

14. 沈国威:《严复与科学》，南京：凤凰出版社，2017年。

15. 苏中立:《百年天演:〈天演论〉研究经纬》，福州：福建人民出版社，2014年。

16. 苏中立、涂光久主编:《百年严复：严复研究资料精选》，福州：福建人民出版社，2011年。

17. 欧阳哲生:《严复评传》，南昌：百花洲文艺出版社，2015年。

18. 戚学民:《严复〈政治讲义〉研究》，北京：人民出版社，2014年。

19. 赖建诚:《亚当史密斯与严复:〈国富论〉与中国》，台北：三民书局，2002年。

20. 萧高彦:《探索政治现代性：从马基维利到严复》，台北：

联经出版公司，2021年。

21. 韩承桦:《审重咨学：严复翻译〈群学肄言〉之研究》，台北：五南图书出版股份有限公司，2013年。